ARRENDAMENTO SOCIAL

CIJE – Centro de Investigação Jurídico-Económica
Faculdade de Direito da Universidade do Porto

ARRENDAMENTO SOCIAL

Estudos Jurídico-Económicos para um projecto de Regulamento Municipal de Habitação Social e para um projecto de Regulamento de Arrendamento de arrumos e lugares de garagem situados nos agrupamentos habitacionais da Câmara Municipal do Porto

ALMEDINA
1955-2005

ARRENDAMENTO SOCIAL

COORDENAÇÃO
GLÓRIA TEIXEIRA

EDITOR
EDIÇÕES ALMEDINA, SA
Rua da Estrela, n.º 6
3000-161 Coimbra
Tel: 239 851 904
Fax: 239 851 901
www.almedina.net
editora@almedina.net

EXECUÇÃO GRÁFICA
G.C. GRÁFICA DE COIMBRA, LDA.
Palheira – Assafarge
3001-453 Coimbra
producao@graficadecoimbra.pt

Novembro, 2005

DEPÓSITO LEGAL
234790/05

Toda a reprodução desta obra, por fotocópia ou outro qualquer processo,
sem prévia autorização escrita do Editor,
é ilícita e passível de procedimento judicial contra o infractor.

NOTA INTRODUTÓRIA

Os textos que agora se publicam correspondem a dois projectos de investigação realizados pelo CIJE (Centro de Investigação Jurídico-Económica) a pedido da Câmara Municipal do Porto num domínio novo que denominamos por "Arrendamento Social".

O primeiro, designado de "Estudos Jurídico-Económicos para um projecto de Regulamento Municipal de Habitação Social", versa a matéria social e economicamente muito sensível da habitação social e foi concluído em Novembro de 2003. Volvidos agora quase dois anos, o estudo realizado mantém toda a actualidade, num momento em que se discute precisamente a adequação da legislação aplicável ao arrendamento social.

O segundo projecto, levado a cabo subsequentemente e de menor dimensão, intitulado "Estudos Jurídico-Económicos para um projecto de Regulamento de Arrendamento de arrumos e lugares de garagem situados nos agrupamentos habitacionais de Câmara Municipal do Porto", foi concluído em Novembro de 2004. Surge como um estudo complementar ao primeiro, embora afastando-se já do "núcleo" da habitação social, e é tributário de todo o levantamento jurídico e económico realizado por ocasião deste.

Optámos assim pela sua publicação conjunta, dada a complementaridade patente e o carácter sequencial que sempre lhes atribuímos.

Sendo o CIJE um centro de investigação independente, foi missão principal dos seus investigadores desenvolver um trabalho técnico, desprovido de considerações ideológicas ou políticas, com o objectivo final de prestar um contributo sério e válido à resolução dos problemas colocados pelo parque de habitação social da cidade do Porto.

O conjunto de estudos jurídicos e económicos realizados não teria sido possível sem a participação de muitos agentes e instituições exteriores ao CIJE. O contributo destes foi essencial para um cabal conhecimento das realidades sociais e humanas do parque habitacional da cidade do Porto, cabendo realçar o trabalho do Departamento Municipal de Habitação da Câmara Municipal.

Agradecemos, por último, à Câmara Municipal do Porto a oportunidade dada e o esforço realizado para compreender e aceitar um grupo de investigação jovem mas empenhado na sua cidade.

GLÓRIA TEIXEIRA
Coordenadora do CIJE (FDUP)

Porto, 13 de Setembro de 2005.

SUMÁRIO

1ª PARTE
Estudos Jurídico-Económicos para um projecto de Regulamento Municipal de Habitação Social

I. Introdução

1. Filosofia subjacente às propostas de deliberação e de regulamento
    1.1. Linhas orientadoras para um novo regime geral de gestão do parque de habitação social das Câmaras Municipais
    1.2. Considerações prévias a uma proposta de regulamento de habitação social da Câmara Municipal do Porto

II. Arrendamento social: perspectiva jurídica

1. Introdução
2. Limites constitucionais e legais
3. A relação de arrendamento social: sua compatibilização com as regras gerais da locação e com o Regime do Arrendamento Urbano
    3.1. Breve resenha legislativa
    3.2. A relação de arrendamento social como uma relação de fonte administrativa
    3.3. O art. 5º, n.º 2, do R.A.U.
    3.4. A aplicação subsidiária do regime geral da locação e do R.A.U.
4. Justificação da uniformização do regime legal para todos os tipos de arrendamento
5. Parecer sobre o aumento da renda mínima

III. Estudo económico-financeiro

1. Análise da filosofia subjacente à gestão do parque de habitação social da Câmara Municipal do Porto
    1.1. A necessidade de combinar políticas do lado da procura com políticas do lado da oferta em favor do centro das cidades
    1.2. Que consequências para a gestão dos bairros sociais?
    1.3. Como operacionalizar as medidas preconizadas?
2. Breve caracterização da situação actual
    2.1. Não cumprimento e relação contratual
    2.2. Declaração de rendimentos e rendas pagas
3. Simulação do impacto das alterações nos critérios de cálculo das rendas sociais
    3.1. Metodologia
    3.2. Resultado das simulações

IV. Anexos

A – Quadro sinóptico da situação existente (Departamento Municipal de Habitação da CMP)
B – Receitas dos Bairros Sociais
C – Projecto de Regulamento Municipal de Habitação Social do Município do Porto
D – Proposta de Deliberação de actualização e ajustamento das Rendas Habitacionais dos Bairros Sociais do Porto

2ª PARTE
Estudos Jurídico-Económicos para um projecto de Regulamento de Arrendamento de arrumos e lugares de garagem situados nos agrupamentos habitacionais da Câmara Municipal do Porto

I. Estudo jurídico

1. Notas iniciais
2. Caracterização dos espaços
3. Regime jurídico

3.1. Da não aplicabilidade do regime de renda social
   a) Inexistência de dispositivo legal ordinário
   b) Inexistência de comando constitucional
3.2. Do regime aplicável aos arrumos e lugares de garagem

II. Estudo Económico

1. O problema em questão
2. Fixação da contrapartida
3. Quantificação do valor da contrapartida
   3.1. Valor de mercado
   3.2. Custo da contrapartida
4. Notas finais

III. Anexos

A – Projecto de Regulamento de Arrendamento de arrumos e lugares de garagem situados nos agrupamentos habitacionais da Câmara Municipal do Porto

B – Proposta de deliberação de locação de arrumos e lugares de garagem dos agrupamentos habitacionais das ANTAS, ILHÉU, MONTE DE S. JOÃO E VISO (núcleos de Jerónimo de Azevedo e Ferreira de Castro)

1ª PARTE
Estudos Jurídico-Económicos para um projecto de Regulamento Municipal de Habitação Social

Equipa de Investigação:

Coordenação:

- GLÓRIA TEIXEIRA, Doutora em Direito, Professora Auxiliar da Faculdade de Direito da Universidade do Porto
- PAULO MORAIS, Vice-Presidente da Câmara Municipal do Porto

Investigadores:

- ANTÓNIO FRANCISCO DE SOUSA, Doutor em Direito, Professor Auxiliar da Faculdade de Direito da Universidade do Porto
- JOÃO PACHECO DE AMORIM, Mestre em Direito, Advogado
- JOSÉ DA SILVA COSTA, Doutor em Economia, Professor Catedrático da Faculdade de Economia da Universidade do Porto, Consultor da *Sigma Team Consulting, Lda.*
- LUÍS VALE LIMA, Licenciado em Direito, Advogado estagiário
- MARIA RAQUEL GUIMARÃES, Mestre em Ciências Jurídico-Empresariais, Assistente da Faculdade de Direito da Universidade do Porto
- MATILDE ALVES, Administradora da Empresa Municipal de Habitação e Manutenção da Câmara Municipal do Porto
- PAULA MOREIRA, Directora do Parque Habitacional da Câmara Municipal do Porto
- SOFIA SERRA, Licenciada em Economia, Consultora da *Sigma Team Consulting, Lda.*

I – INTRODUÇÃO

O Porto é a segunda maior cidade portuguesa, tendo sido recentemente capital europeia da cultura. É uma cidade que sempre se afirmou historicamente não só pelo seu espírito internacional e mercantil mas também pelo espólio monumental e artístico, tão bem atestado e documentado nas diferentes publicações que aparecem nas livrarias nacionais e estrangeiras. Se especial atenção tem sido dedicada aos aspectos culturais e artísticos da cidade, indispensáveis também para a sua dinamização, não poderá deixar de se olhar para o lado menos artístico, menos atractivo, difícil, sem dúvida, que constitui a pobreza ou marginalização na cidade.

Mas uma realidade não pode, não deve, ser separada da outra. A cidade é una e o homem como ser social vive em sociedade. É importante, válida e indispensável a actual orientação da Câmara Municipal do Porto de integração social, abolição de 'bairros' que funcionem como guetos e a opção pela criação de um espaço aberto, integrado, socialmente unificado.

A prossecução de tal orientação não é fácil e impõe a concretização de políticas sociais, económicas e habitacionais específicas e, sempre quanto possível, adequadas à situação concreta do cidadão portuense. O presente estudo, bem como a legislação que o concretiza, eleva este critério ao seu expoente máximo, nomeadamente a aplicação e concretização de princípios ou programas ao cidadão individual, às famílias, com as suas necessidades próprias e vivências específicas.

O assunto aqui analisado é o da gestão do parque habitacional da CMP, sob uma múltipla perspectiva, económica, jurídica e social. Tal problemática tem implicações em diversas vertentes, nomeadamente: nas finanças públicas e no nível de investimento público praticado; nos aspectos fiscais e parafiscais; na interacção domínio público/investimento privado ou adopção de figurinos privados para a prossecução de interesses municipais; na opção por soluções de desconcentração *versus* soluções mais descentralizadoras, etc.

Atendendo à actual conjuntura nacional e internacional, não será de esperar maior investimento público e mesmo os níveis de investimento até ao momento praticados poderão deixar de manter-se num futuro próximo: vejam-se as exigências decorrentes da manutenção de níveis máximos de endividamento público impostas pela lei do Orçamento de Estado para 2003. Este cenário de maior restrição será uma realidade apesar do bom trabalho desencadeado por sucessivos governos em prol do investimento público[1].

No âmbito de um protocolo assinado pela Faculdade de Direito da Universidade do Porto e a Câmara Municipal do Porto, celebrou-se um contrato para a realização de um estudo sobre a actualização das rendas do parque habitacional da CMP. O levantamento prévio que identifica e caracteriza o problema em análise define já as orientações a seguir em trabalhos subsequentes. Decorre da apreciação feita que o presente estudo deverá conter as seguintes tarefas:

Tarefa 1: Análise da filosofia subjacente à gestão do parque habitacional da CMP.

Tarefa 2: Perante a ausência de um enquadramento jurídico consistente regulador deste tipo de rendas, a tarefa 2 será a proposta de diplomas de forma a que a CMP possa despoletar uma iniciativa nesta matéria por parte do governo central.

A missão específica consiste na apresentação de uma proposta de deliberação de ajustamento das rendas actuais e de uma proposta de Regulamento Municipal.

Tarefa 3: Há dificuldade de aplicação da legislação e regulamentos existentes, fundamentalmente por falta de instrumentos legais e técnicos que permitam fazer uma avaliação correcta dos rendimentos dos agregados familiares que ocupam as habitações da CMP.

---

[1] *Vide*, INSTITUTE FOR FISCAL STUDIES, *Trends in British Public Investment*, Setembro de 2002. A investigação produzida por este instituto independente coloca Portugal em 4º lugar ao nível de realização de investimento público em percentagem do PIB. Apenas a Grécia, a Irlanda e o Luxemburgo superaram o nosso país, de acordo com dados estatísticos produzidos pela Comissão Europeia em finais de 2001.

Nesta matéria, o quadro legal deveria ser capaz de lidar com a dificuldade de quantificação do rendimento, quando esse rendimento é obtido na economia paralela. Na tarefa 3 deveriam ser estudados mecanismos que permitam uma actualização regular dos rendimentos. A consideração de sinais exteriores de riqueza e a explicitação do subsídio implícito que é atribuído a cada agregado familiar poderão ser soluções a estudar. A missão exigirá uma interacção jurídico--económica, a fim de traduzir jurídicamente possíveis medidas de alcance económico ou fiscal.

Tarefa 4: Actualização das rendas técnicas. Aqui o problema será a quantificação do impacto que essa actualização terá sobre os agregados familiares bem como sobre a receita gerada pelo parque habitacional. A simulação de valores terá de ser feita com a colaboração dos serviços da CMP.

Tarefa 5: Definição de orientações para a actualização da base de dados da CMP conforme proposta do estudo prévio.

1. *Filosofia subjacente às propostas de deliberação e de regulamento*

Na elaboração e redacção das propostas de deliberação e de regulamento têm-se em consideração as seguintes linhas de orientação:

a) O cidadão portuense deverá habitar uma casa provida de qualidade, o que implica uma canalização de parte ou totalidade das receitas provindas do pagamento das rendas para a conservação ou melhoramento dos imóveis;

b) A atribuição de subsídios deverá beneficiar os cidadãos desprovidos de recursos económicos, devendo esta situação ser comprovada, anualmente através de todos os meios públicos disponíveis que atestem não só o **nível de rendimento** mas também o **nível de despesa** e o **património** do cidadão. Poder-se-á, eventualmente, equacionar a possibilidade de utilização de outro tipo de informação (veja-se, nomeadamente utilização de declarações da segurança social, finanças ou centros de emprego, facturas de serviços municipais ou públicos relacionadas com despesas de electricidade, água ou telefone);

c) Conformidade com a tendência internacional[2] que indica que os municípios deverão diminuir as suas despesas de investimento na área da habitação social, devendo preocupar-se com uma atribuição justa e equitativa de benefícios sociais habitacionais, sempre controlados e subordinados a requisitos de prova objectivos e rigorosos que atestem a verdadeira situação económica do cidadão. Particular cuidado deverá ser dedicado a esta matéria, de forma a evitar a chamada 'dependência do subsídio' ou 'armadilha da pobreza'. O subsídio por natureza deverá ser temporário e sempre associado a uma situação de incapacidade ou adversidade.

Não deve o Estado criar situações de injustiça ou mesmo propiciar 'laxismo' ou preguiça, através da atribuição indevida ou injustificada de subsídios. Para que o sistema seja justo é necessário que estes sejam apenas atribuídos em situações de comprovada insuficiência económica ou pobreza.

Podendo e devendo os cidadãos trabalhar, e existe mercado para o efeito no caso português, não devem ser desencorajados de o fazer através de medidas sociais que podem inclusive provocar fenómenos perversos de marginalização ou dependência;

d) Caracterização dos sistemas actualmente em vigor: propõe-se como meta a atingir a uniformização terminológica das contrapartidas a pagar pelos moradores das habitações sociais (conceitos de taxa e renda social);

e) Analisar se poderão ser alteradas extraordinariamente as rendas das habitações sociais; em caso afirmativo, por que forma: diploma legislativo e/ou regulamento municipal; uma análise preliminar conduz-nos à conclusão de que o aumento pode ser aprovado pelos órgãos da autarquia através de regulamento. No entanto, seria aconselhável que o novo regime geral fosse estabelecido pelo Governo, como aconteceu com os diplomas actualmente em vigor;

f) Uniformização dos regimes de arrendamento (antigo regime das "licenças precárias" e novo regime);

g) Definição de critérios para um aumento justo e equitativo;

---

[2] Veja-se o estudo referido na nota anterior.

h) Definição de mecanismos de controlo periódico (anual) da situação de carência social do agregado familiar beneficiado;

i) Definição de regras de alienação e critérios de avaliação das habitações aos seus moradores. A actualização das rendas não só é constitucionalmente possível, como mesmo imposta. Efectivamente, sendo as rendas sociais parcialmente suportadas pelo Estado, isto é, pelo dinheiro dos contribuintes, é lógico que dela deverão beneficiar apenas os carenciados, de acordo com o seu grau de carência, e enquanto a situação de carência se mantiver;

j) Estudo de soluções de administração mista (envolvendo a câmara municipal e representantes dos moradores do bairro), como forma de garantir uma mais eficiente e pacífica administração e resolução dos problemas que surjam;

l) Previsão de penalizações para as transgressões que venham a ser detectadas;

m) Como forma de fomentar a auto-estima dos moradores, a sua poupança, a conservação dos bairros e mesmo a diminuição de encargos camarários, a edilidade deverá procurar soluções de alienação das habitações, nos termos que considere adequados à prossecução do interesse municipal;

n) A Câmara Municipal deverá fiscalizar permanentemente e aplicar com zêlo a legislação vigente em matéria de higiene e salubridade nos bairros sociais, melhorando assim a qualidade de vida neles e desse modo valorizando o seu património e diminuindo os seus encargos sociais. Muito pouco tem sido feito neste domínio, assistindo-se sistematicamente a construções clandestinas que ficam impunes, bem como a actos de vandalismo nos prédios e a um quase total desrespeito pela higiene e salubridade. Como resultado temos habitações desvalorizadas, muito baixa qualidade de vida, desintegração social de alguns moradores, etc.

1.1. *Linhas orientadoras para um novo regime geral de gestão do parque de habitação social das Câmaras Municipais*

As ideias fundamentais que advogamos deverem inspirar a revisão profunda do sistema actual e ser contempladas num novo regime geral de gestão do parque de habitação social são as seguintes:

A) Uniformização, como referido acima, dos diferentes regimes existentes (licença precária e renda apoiada). Desta forma pretende-se atingir maior clareza, maior simplicidade e maior justiça.

B) Política de alienação das habitações sociais aos que nelas habitam, sempre que estes revelem interesse nisso e esse objectivo se integre nos objectivos da Câmara Municipal. Os objectivos a alcançar são os seguintes:

a) Diminuição dos encargos de conservação da responsabilidade da entidade proprietária dos imóveis;

b) Aumento e fomento da auto-estima dos moradores e, assim, dos níveis de conservação das habitações, bem como dos níveis de salubridade das partes comuns;

c) Melhoria da integração social dos moradores, na sequência da melhor conservação do bairro;

d) Política de abandono da construção de novos bairros sociais. Em vez disso, propõe-se que os "carenciados" que vão surgindo sejam apoiados na forma de um "subsídio de renda", proporcional ao seu grau de carência (considerando também o seu agregado familiar). Os "carenciados" farão prova do seu "estado de carência" no acto de candidatura a um subsídio de renda. Uma vez obtido este, serão livres de procurar casa onde quiserem, naturalmente nos limites das suas possibilidades, acrescidas do subsídio de renda. Anualmente terão de fazer prova do seu "estado de carência" e deverão comunicar à entidade que atribui o subsídio, no prazo determinado, qualquer alteração de facto ou de direito que se reflicta no seu "estado de carência" (ou respectivo escalão), sob pena de perderem o direito ao subsídio. A entidade que atribui o subsídio não é parte no contrato de arrendamento que venha a ser celebrado entre o "carenciado" e o proprietário do imóvel.

Como forma de evitar que uns municípios, porque neles as habitações são mais baratas, fiquem sobrecarregados com deveres de atribuição de subsídios de renda, o Estado, através do Governo da República, deverá criar uma instituição que ficará especificamente encarregue de acordar com as entidades que pagam subsídios de renda formas de as compensar pelo aumento de subsídios que pagam. 60% das rendas cobradas nos bairros sociais deverá destinar-se aos subsídios de renda.

As vantagens são as seguintes:

i) Acabar, no médio prazo, com os focos de tensão social e de marginalidade que geralmente caracterizam os bairros sociais (em certos casos funcionando como verdadeiros "guetos"). Desta forma contribui-se decisivamente para a integração social dos mais desfavorecidos, que serão livres de procurar casa onde quiserem, facilitando também a sua mobilidade de acordo com os seus interesses (p. ex. local de trabalho, local de origem, etc.). Em contacto directo com pessoas de maior capacidade financeira e de maior cultura terão mais oportunidades para uma efectiva integração social. A sociedade é um corpo que deve ser são na sua totalidade e não apenas em partes concretas. A prevenção das desordens sociais e do crime também saem fortemente reforçadas.

ii) Os bairros sociais existentes passarão a contar com uma gestão mista da entidade proprietária e dos moradores. Desta forma aumenta-se a eficiência da Administração e assim a melhoria das condições de vida nos bairros através de uma administração mais próxima dos problemas e dos cidadãos e mais sensível e melhor conhecedora desses mesmos problemas. Os níveis de aceitação das decisões são comprovadamente maiores.

e) Afectação de uma percentagem relevante (cerca de 40% ou outra percentagem a estudar) das rendas cobradas para a conservação e infra-estruturação dos bairros. Das verbas afectas ao fundo de obras do bairro, a parte mais significativa (pelo menos 80%) deverá ser obrigatoriamente aplicada na conservação, com obrigações específicas (p. ex., pintura de todos os prédios do bairro e demais partes comuns pelo menos uma vez cada dez anos). Os restantes 20% deverão ser empregues nos centros de animação sócio-cultural do bairro;

f) Criação em cada bairro social de dois centros de animação sócio-cultural: um para adultos e idosos e outro para jovens até aos 18 anos. O primeiro deveria ser equipado com algumas máquinas de fisioterapia, alguns jogos da preferência dos utentes, alguns jornais, uma pequena biblioteca, televisão, etc; o segundo deveria possuir equipamentos de ginásio, biblioteca, computador, jogos, secção de artesanato e de artes e ofícios, etc. Ambos os centros deveriam ser orientados por pessoal especializado, propondo-se um fisioterapeuta ou psicólogo no primeiro caso e um psicólogo ou especialista em artes oficinais no segundo caso.

Em geral, as medidas aqui propostas são aplicadas com grande sucesso há algumas décadas em países como a Dinamarca, a Holanda, a Bélgica ou a Alemanha. Acresce que o grande potencial preventivo das medidas propostas justifica e encoraja uma mudança qualitativa que mais tarde ou mais cedo terá de ser feita no nosso país. Este investimento na prevenção tem fortes perspectivas de sucesso a médio e a longo prazo.

1.2. *Considerações prévias a uma proposta de regulamento de habitação social da Câmara Municipal do Porto*

A ocupação e a utilização dos fogos municipais destinados a habitação social regem-se hoje por quatro diplomas: pelo Decreto--Lei n.º 35 106, de 6 de Novembro de 1945 (regime de concessão mediante uma licença precária de ocupação sob a forma de alvará – estando ainda abrangidas por este regime as situações constituídas até 1976), pelas Portarias n.º 2/78, de 2 de Janeiro, e n.º 288/83, de 17 de Março, e pelo Decreto-Lei n.º 166/93, de 7 de Maio, constituindo estes últimos diplomas o regime de contrato dito de arrendamento social.

A Câmara Municipal do Porto é, neste momento, proprietária de cerca de 50 Bairros Sociais, sendo que para cerca de mais de metade vigora o regime de concessão mediante licença precária de ocupação sob a forma de alvará, definido no Decreto-Lei n.º 35 106, de 1945.

A emanação de um regulamento municipal surge como uma necessidade imediata dada a diversidade de diplomas que vigoram nesta matéria. E mais evidente se torna quando se conclui que alguns destes diplomas estão desactualizados e desajustados ao quadro circunstancial actual.

Deste modo, o regulamento municipal é o instrumento legal adequado para executar uma tarefa de pormenorização, de detalhe e mesmo de actualização do actual quadro normativo.

O regime de arrendamento social está plasmado nos seus traços essenciais no Decreto-Lei n.º 35 106, limitando-se os diplomas posteriores a proceder à determinação dos critérios de fixação e actualização das rendas.

Pretende-se prioritariamente com o presente regulamento encontrar um critério uniforme que permita eliminar as disparidades existentes no conjunto do Parque Habitacional do Porto. É urgente, para tal, que se proceda a uma actualização das rendas praticadas e que se criem novos critérios de apuramento do rendimento dos agregados familiares que o tornem tão preciso quanto possível e que solucionem o problema da quantificação de rendimentos não declarados.

Por outro lado, é imperativo criar um novo modelo de gestão dos bairros sociais que passará necessariamente pela criação de estruturas fixas junto destes, desta forma estabelecendo um contacto mais próximo com os seus moradores.

A mudança para um modelo de administração "partilhada" entre Câmara Municipal e os moradores trará vantagens a todos os níveis.

Desde logo, uma administração mais próxima está necessariamente mais capacitada para se inteirar e solucionar todo o tipo de problemas que vão surgindo.

Por sua vez, ao se tratar de um modelo "partilhado", a administração será melhor aceite, uma vez que os seus destinatários têm agora um papel activo na tomada de decisões.

II – O ARRENDAMENTO SOCIAL: PERSPECTIVA JURÍDICA

1. *Introdução*

O presente trabalho versa sobre um tema nunca tratado de uma forma legal sistemática e coerente: o tema do arrendamento social.

Se é certo que relações jurídicas de arrendamento social se vêm formando e constituindo no tempo desde há décadas, nunca houve um tratamento jurídico ou doutrinal uno e actualizado da matéria.

A característica fundamental patente neste tipo de relações jurídicas, e diferentemente do que acontece no regime de arrendamento urbano ou rústico, é que as partes não se encontram em pé de igualdade, como se de um contrato "normal" se tratasse, mas antes aparece o Estado na qualidade de senhorio, conformando desde logo a relação jurídica de arrendamento social com os fins públicos e sociais que se propõe prosseguir. Vejam-se, desde logo, os poderes ou faculdades atribuídos aos poderes públicos para despejar via administrativa os inquilinos para a necessária ou urgente prossecução de interesses sociais ou resolver situações de emergência, a possibilidade de utilização de presunções ou outros expedientes para determinar a situação jurídico-económica do arrendatário.

Em consonância com as disposições constitucionalmente relevantes e diplomas ou disposições aplicáveis, pretende a Câmara Municipal do Porto actualizar as rendas presentemente em vigor, desactualizadas ou desajustadas às situações sócio-económicas dos arrendatários, pretendendo deste modo criar as condições que permitam que o enquadramento constitucional e legal vigente na área do arrendamento social se torne uma realidade concreta, adaptada às circunstâncias sociais e económicas actuais do parque habitacional social da cidade do Porto.

Procedeu-se à aplicação prática, com recurso a simulações de carácter económico para averiguar da adequação e conformidade dos valores às situações concretas dos arrendatários, de fórmulas estabelecidas nos referidos diplomas que estabelecem valores máximos e mínimos de rendas, efectuando-se a respectiva actualização.

Tal actualização é exigida pelos próprios ditames constitucionais e legais, pois estamos aqui perante um conceito de renda específico: o conceito de renda social.

A sua aplicação às situações concretas não poderá deixar de ser feita de uma forma actualizada, preenchendo os critérios e fórmulas adoptadas pelo legislador, dentro do enquadramento jurídico e sistemático legal actual. Os próprios critérios de justiça social e resolução dos problemas dos mais carenciados ou marginalizados assim o exigem. Valores desactualizados, irrealistas, incentivam o não cumprimento, sendo potenciadores de abusos, para além de impedirem a obtenção de recursos financeiros mínimos, necessários para a manutenção e conservação essenciais dos bairros sociais.

2. Limites Constitucionais e Legais

2.1. Nos termos da Constituição, "As autarquias locais dispõem de poder regulamentar próprio nos limites da Constituição, das leis e dos regulamentos emanados das autarquias de grau superior ou das autoridades com poder tutelar" (art. 242.º). Por outro lado, nos termos da Carta Europeia da Autonomia Local, o poder regulamentar das autarquias é expressão da sua autonomia (normativa), consistindo o núcleo da sua autonomia local no direito e na capacidade efectiva de regularem e gerirem, nos limites da lei, sob sua responsabilidade e no interesse das populações respectivas, os assuntos que lhe estão confiados (art. 3.º). Não restam pois dúvidas quanto ao **poder regulamentar próprio das autarquias locais, nos limites da lei, para regularem e gerirem os assuntos que lhe são confiados**. Se o poder é próprio, não é necessário uma lei prévia de autorização para que a autarquia possa aprovar um regulamento no domínio das funções (assuntos) que lhe estão confiadas. Por conseguinte, em princípio, o município do Porto pode aprovar regulamentos no domínio de todas as matérias que lhe foram confiadas pela Constituição e pela lei.

2.2. Por outro lado, nos termos da lei de atribuições e competências das autarquias locais, **compete aos órgãos municipais «fomentar e gerir o parque habitacional de arrendamento social»** (art. 24.º, al. *d)*). Por sua vez, nos termos do art. 53, n.º 2, al. *a)* da Lei n.º 169/99, de 18 de Setembro, compete à Assembleia Municipal aprovar posturas e regulamentos do município, com eficácia externa. Não restam pois dúvidas de que o município, concretamente a Assembleia Municipal, pode aprovar regulamentos sobre as rendas das habitações sociais que lhe pertencem.

2.3. Porém, este poder é limitado pela Constituição e pela lei. Efectivamente, o poder regulamentar próprio das autarquias locais tem de respeitar as leis existentes, seja a Constituição ou outras. Ora, o regime geral do arrendamento faz parte das competências de reserva relativa da Assembleia da República (art. 165, n.º 1, al. *h)* da Constituição). Isto significa que em matéria de arrendamento, também de arrendamento social, a competência legislativa pertence à Assembleia da República, mas como se trata de uma reserva relativa, poderá haver autorização ao Governo para que este legisle sobre a matéria. Em qualquer caso, estamos no domínio da reserva de lei, pelo que o **poder regulamentar das autarquias**, que como vimos existe no domínio da habitação social, **tem de respeitar as leis** (da Assembleia da República ou do Governo) **existentes**.

2.4. Por outro lado, **no domínio do arrendamento social vigoram efectivamente leis do Governo, que necessariamente terão de ser respeitadas nos aspectos que representem garantias para os cidadãos**, concretamente para os arrendatários. Por conseguinte, o poder regulamentar das autarquias locais tem como limite o domínio reservado à lei, onde apenas é permitida a intervenção do legislador ou do Governo, quando munido de autorização legislativa.

2.5. Assim, no domínio da reserva de lei, o regulamento municipal (e autárquico em geral) só é permitido quando seja de simples execução da lei[3]. Esta limitação **impede que o município do Porto proceda para já a uma reestruturação global de todo o sector da habitação social, esquecendo as linhas fundamentais do regime legal vigente**, constante, fundamentalmente, do Decreto-Lei n.º 166/93, de 7 de Maio.

2.6. No entanto, o facto de já existirem leis a regular o arrendamento de habitações sociais não retira, mas apenas limita, o poder regulamentar próprio do Município do Porto. Só os aspectos já regulados e que constituam garantias para os administrados (neste caso, munícipes) terão de ser respeitados. Em tudo o mais, **subsiste o poder regulamentar próprio do Município do Porto**, nomeadamente no que respeita a procedimentos, a regras gerais de gestão e conservação, a medidas de combate à burocracia, a actualização de rendas nos limites previstos na lei, a aplicação de sanções previstas na lei e em geral à aplicação e implementação dos aspectos fundamentais previstos na lei. **Aspectos não previstos na lei poderão ser livremente regulados em regulamento**, desde que não violem a lei (incluindo regulamentos do Governo, p. ex. sob a forma de Portaria) e o Direito, em geral (por exemplo, não violem direitos fundamentais).

---

[3] Neste sentido, cfr. o Acórdão do Tribunal Constitucional n.º 74/84.

2.7. Para caracterizar melhor o poder regulamentar das autarquias locais, importa ainda referir que no domínio das atribuições legalmente confiadas às autarquias (é o caso do arrendamento social), os municípios podem aprovar regulamentos, ainda que não haja uma lei que expressamente o preveja. Como consequência prática para o caso em apreço temos então que o Município do Porto pode emitir um regulamento sem fazer referência a qualquer lei, invocando apenas o seu poder regulamentar próprio e indicando que o regulamento se situa no âmbito das atribuições que lhe estão confiadas. Estamos pois no âmbito de um regulamento simultaneamente autónomo, por incidir sobre matéria que faz parte da função própria, e independente, porque não regula uma lei em concreto, mas sim a lei e o Direito, como um todo. O facto das "leis existentes" (Decreto-Lei n.º 166/93) não preverem expressamente o poder dos municípios para as regulamentar, não altera em nada o poder regulamentar próprio das autarquias, que permanece intacto.

2.8. Por outro lado, importa sublinhar outro aspecto de fundamental importância: Se um município aprova um regulamento independente nos limites da lei e do Direito, esse regulamento não é livremente revogável (no todo ou em parte) no âmbito das regulações de interesse específico da localidade, sob pena de se anular o poder regulamentar próprio das autarquias. Por exemplo, se uma autarquia aprova, para uma dada localidade, atendendo às suas circunstâncias concretas, um limite máximo de velocidade de 30 Km//hora, este limite de velocidade não é livremente alterável por órgãos superiores.

2.9. A aplicação do regime legal vigente, pela falta de soluções e situações de impasse que cria, conduziu o parque habitacional social de todo o país para uma situação de quase-caos no plano da sua viabilização financeira, sobretudo devido aos elevados custos de manutenção a que estão normalmente associados. No caso concreto do município do Porto, a degradação do parque habitacional é manifesta, sendo inúmeras as situações de injustiça conhecidas.

2.10. A situação descrita no número anterior, aliada à recente previsão expressa da habitação social como função dos municípios, que implica simultaneamente deveres e responsabilidades, obriga-nos a intervir sem mais delongas no sentido da assunção das nossas responsabilidades e da prossecução das funções que nos foram confiadas. São estas as razões que levam o Município do Porto a aprovar o presente regulamento de rendas das habitações situadas nos bairros sociais do Município do Porto. A regulamentação que se aprova não é a que desejaríamos, mas é a possível, dados os condicionalismos existentes resultantes das leis do Governo em vigor. Em qualquer caso, o Município do Porto continua empenhado em contribuir da melhor forma para o estabelecimento de um sistema que, a nível nacional, opere uma reforma profunda de todo o sistema, de modo a acautelar a multiplicidade dos interesses em jogo, entre os quais se destacam domínios mais vastos como a conservação, a higiene e salubridade, a tranquilidade e a própria segurança no bairro.

3. A relação de arrendamento social: sua compatibilização com as regras gerais da locação e com o Regime do Arrendamento Urbano

3.1. Breve resenha legislativa

Ainda no domínio do Código Civil de 1867, que tratava o contrato de arrendamento, enquanto modalidade de locação, nos seus arts. 1606º a 1632º, foi aprovado um diploma que regulava com apreciável desenvolvimento o regime jurídico aplicável à relação estabelecida entre o Estado e os habitantes de um conjunto de casas "destinadas a famílias pobres". Tratava-se do Decreto-Lei n.º 34 486, de 6 de Abril de 1945, cujo regime foi complementado, em cumprimento do disposto no seu art. 3º, pelo Decreto-Lei n.º 35 106, de 6 de Novembro de 1945. O Decreto-Lei n.º 34 486 foi <u>revogado em 1988 pelo Decreto-Lei n.º 310/88, de 5 de Setembro (art. 22º)</u>.

Paralelamente foram-se sucedendo diversas portarias que fixavam critérios para o cálculo das rendas devidas. Citam-se, a título exemplificativo, a Portaria n.º 386/77, de 25 de Junho, revogada pela Portaria n.º 288/83, de 17 de Março.

Em 1985, a Lei n.º 46/85, de 20 de Setembro, previa expressamente no seu art. 9º que ficavam sujeitos ao regime de renda apoiada "os prédios construídos ou adquiridos, para arrendamento habitacional, pelo Estado e seus organismos autónomos, institutos públicos e autarquias locais e pelas instituições particulares de solidariedade social com o apoio financeiro do Estado", prevendo ainda que à actualização desta renda se aplicavam os preceitos legais em vigor, "até que o Governo fixe o regime geral de arrendamento da habitação social" (art. 10º). Este art. 9º foi então considerado como uma norma programática na medida em que a sua aplicação estava dependente da aprovação de legislação específica, o que não chegou a acontecer durante a sua vigência[4]. Por outro lado, a referência aos "preceitos legais em vigor" não foi unanimemente interpretada pela doutrina[5].

Entretanto foi aprovado pelo Decreto-Lei n.º 321-B/90, de 15 de Outubro, o Regime do Arrendamento Urbano hoje em vigor, que expressamente afasta o arrendamento social do seu âmbito de aplicação[6]. O "regime geral de arrendamento da habitação social", como lhe chamou o legislador de 85, foi sempre um projecto sucessivamente adiado. No entanto, o Decreto-Lei n.º 166/93, de 7 de Maio, estabeleceu o regime jurídico de renda apoiada, dando cumprimento ao disposto no art. 82º, n.º 3, do R.A.U.

3.2. *A relação de arrendamento social como uma relação de fonte administrativa*

A relação de locação traduz-se num vínculo de natureza obrigacional que une o locador e o locatário e pelo qual o primeiro se obriga a proporcionar ao segundo o gozo temporário de uma coisa, mediante o pagamento de uma retribuição. O Código Civil português, ao estabelecer o regime da locação, fá-lo no contexto dos contratos, concretamente sob o título II do seu segundo livro (Direito das Obrigações): *Dos contratos em especial*. A locação aparece-nos assim tratada como um negócio jurídico bilateral, um *contrato*. Estamos perante um facto juridicamente relevante que deve a sua juridicidade à vontade das partes.

---

[4] Cfr., neste sentido, M. JANUÁRIO C. GOMES, *Arrendamentos para habitação*, 2ª ed., Livraria Almedina, Coimbra, 1996, p. 84, bem como a bibliografia aí cit.

[5] A. PAIS DE SOUSA (*Anotações à lei das rendas habitacionais*, Rei do Livros, Lisboa, s.d., p. 22), considerando a redacção destes arts. "um tanto enigmática", entendia, no entanto, serem aplicáveis as disposições da própria Lei n.º 46/85.

[6] Cfr., *infra*, § 3.3.

Perante este enquadramento civilístico da locação a questão que imediatamente se levanta é a de saber se o negócio jurídico é a única fonte geradora da locação, ou seja, se a locação tem necessariamente uma origem contratual[7]. Ora, apesar da discussão doutrinal existente sobre a matéria, parece que a resposta não poderá deixar de ser negativa. Pense-se nos arrendamentos urbanos constituídos por sentença judicial[8] em consequência da execução específica de um contrato-promessa de arrendamento com eficácia real e nos casos de divórcio ou de separação judicial de pessoas e bens, de acordo com os arts. 1793º e 1794º do Código Civil[9].

A relação de arrendamento social aqui em análise não tem, também ela, origem contratual, mas antes se integra na actividade administrativa do Estado. O Estado, ou mais propriamente, neste caso, a Autarquia Local, surge nesta relação munida das suas prerrogativas de *ius imperium*, numa posição face ao arrendatário de supra/infra ordenação, especialmente visível na possibilidade de despejo administrativo e de transferência do agregado familiar em caso de subocupação (art. 18º da proposta de regulamento e art. 10º, n.º 2, do Decreto-Lei n.º 166/93, de 7 de Maio).

Explica-se assim a terminologia adoptada pelo Decreto-Lei n.º 35 106, de 6 de Novembro de 1945 (art. 1º): "A *ocupação* das habitações (...) será *concedida* a título precário, mediante *licença* da entidade proprietária, sob a forma de *alvará*" (itálico nosso). Terminologia que foi sendo abandonada pelo legislador ao longo dos anos, em benefício das designações "arrendamento social", "arrendamento de habitação social" e "arrendamento habitacional pelo Estado" (cfr., nomeadamente — e respectivamente — o Decreto-Lei n.º 166/93, de 7 de Maio, a Lei n.º 46/85, de 20 de Setembro, e o R.A.U.).

---

[7] Sobre esta questão cfr. J. H. C. Pinto Furtado, *Manual do arrendamento urbano*, Livraria Almedina, Coimbra, 1996, p. 21 e ss. Segundo Pereira Coelho (*Arrendamento, Direito substantivo e processual*, Lições ao curso do 5º ano de Ciências Jurídicas no lectivo de 1988-1989, ed. policopiada, Coimbra, 1988, p. 7), "regulando a locação entre os contratos, o Código sugere que a relação locativa tem como única fonte o contrato".

[8] M. Januário C. Gomes, pp. 48 a 51.

[9] Pinto Furtado, pp. 28 a 31.

3.3. *O art. 5º, n.º 2, do R.A.U.*

As características próprias da relação de arrendamento social levaram à sua exclusão do regime geral do arrendamento urbano. Já o Código Civil previa a inaplicabilidade das disposições relativas aos arrendamentos de prédios urbanos aos *"arrendamentos sujeitos a legislação especial"* no seu art. 1083º, n.º 2, al. *d)*, norma progenitora do art. 5º do Regime do Arrendamento Urbano hoje em vigor. Cabem nesta ressalva os arrendamentos de prédios das instituições de previdência, de estabelecimentos de assistência, das Misericórdias[10], bem como os arrendamentos habitacionais do Estado e dos seus organismos autónomos, institutos públicos, autarquias locais, etc.[11].

Excluem-se também no art. 5º do âmbito de aplicação do R.A.U. *"os arrendamentos de prédios do Estado"* (art. 5º, n.º 2, al. *a)*, R.A.U.), entendendo-se aqui os arrendamentos em que o Estado, e não qualquer outra entidade pública, figura como senhorio[12]. O afastamento dos contratos de arrendamento celebrados pelo Estado, relativos aos imóveis do seu património, da aplicação do regime geral do arrendamento urbano e, concretamente, das disposições relativas à cessação do contrato, segue a linha do disposto já no regime especial estabelecido pelo Decreto-Lei n.º 23 465, de 18 de Fevereiro de 1934[13]. Este diploma estabelece a favor do Estado a possibilidade de, *sempre que isso lhe conviesse*, despejar os seus arrendatários, sem recurso às vias judiciais, mas antes através das autoridades administrativas e policiais. Apesar das atenuações introduzidas em 1979 a este regime pelo Decreto-Lei n.º 507-A/79, de 24 de Dezembro, prevendo a rescisão unilateral do contrato *apenas* para a instalação de serviços públicos ou para outros fins de utilidade pública, entendeu o legislador de 90 acatar o disposto no art. 1083º do Código Civil então revogado, mantendo esta prerrogativa do Estado[14].

---

[10] PIRES DE LIMA e ANTUNES VARELA, *Código Civil Anotado*, vol. II, 3ª ed., Coimbra Editora, Coimbra, 1986, p. 528.
[11] PINTO FURTADO, p. 124.
[12] Cfr. PIRES DE LIMA e ANTUNES VARELA, p. 527.
[13] Neste sentido, cfr. PINTO FURTADO, pp. 122 a 123.
[14] *Idem, ibidem.*

Cremos, porém, como expressámos já acima, neste número, que o afastamento do arrendamento social do âmbito de aplicação do regime geral do arrendamento urbano resulta da alínea *f)* do art. 5º do R.A.U., relativo a arrendamentos sujeitos a legislação especial, e não da alínea *a)* do mesmo artigo, que exclui os arrendamentos de prédios do Estado. Em primeiro lugar, parece-nos ser essa a solução que resulta da interpretação da norma em causa: a menção, por separado, dos arrendamentos sujeitos a legislação especial e dos arrendamentos de prédios do Estado, tendo em conta que estes últimos estão, também eles, sujeitos a legislação especial, só pode ser explicada pela intenção de afastar do regime comum dois tipos de situações especiais *diferentes*, com base em razões também diferentes. E se no caso da alínea *a)* o acento tónico da especificidade em causa se prende com o facto de o Estado ser o senhorio dos prédios, no caso da alínea *f)* o que ressalta é a necessidade de manter, paralelamente ao regime geral, regimes legais diferentes que acautelem situações particulares de arrendamento. Ora, na relação de arrendamento social o senhorio é de facto o Estado mas também existe um regime legal diferente, *especial* (embora, como dissemos já, fragmentado e incompleto), assente em interesses sociais. Qual destes aspectos é mais marcante, e justifica a inaplicabilidade do R.A.U. ao arrendamento social? Sem dúvida, cremos, o segundo. O arrendamento social nada tem em comum com as demais relações de arrendamento em que o Estado é senhorio, em que o arrendatário é um arrendatário "normal", sem carências a nível habitacional. Nestes outros arrendamentos do Estado imperioso é que o prédio possa ser facilmente "mobilizado" em caso de interesse público. Já no arrendamento social está em causa, sobretudo, o direito à habitação enquanto direito fundamental constitucionalmente protegido e a necessidade de o assegurar relativamente às famílias carenciadas.

Por outro lado, a relação de arrendamento social pode não se estabelecer entre o arrendatário e o Estado central. A relação de arrendamento social é encabeçada pelo Estado mas também, e sobretudo, pelos seus organismos autónomos, pelos institutos públicos, autarquias locais e, *inclusive*, pelas instituições particulares de solidariedade social sempre que tenham construído ou adquiridos prédios com o apoio financeiro do Estado. São estes os arrendamentos sujeitos a renda apoiada, de acordo com o art. 82º, n.º 2, do R.A.U. Ora, não se compreenderia que apenas aos primeiros arrendamentos, aqueles em que o Estado é senhorio, ainda que "Estado" entendido em sentido amplo, abrangendo organismos autónomos, institutos e autarquias, se aplicasse um regime especial, caindo o arrendamento com fins sociais promovido por instituições particulares de solidariedade social nas regras gerais vinculísticas do R.A.U.

Este parece ter sido também o entendimento do legislador, que no art. 5º do R.A.U. se refere apenas a "prédios do Estado" e no art. 82º, ao prever a renda apoiada, já especifica estarem em causa "prédios construídos ou adquiridos para arrendamento habitacional pelo Estado e seus organismos autónomos, institutos públicos, autarquias locais...". Do confronto das duas redacções parece resultar que não é o mesmo tipo de realidade que subjaz a cada uma delas.

3.4. *Aplicação subsidiária do regime geral da locação e do R.A.U.*

Fica, então, afastada a relação de arrendamento social do âmbito geral de aplicação do Regime de Arrendamento Urbano.

A questão de saber em qual das duas alíneas referidas do art. 5º do R.A.U. se deverá enquadrar o arrendamento social não é despicienda na medida em que a opção por uma ou outra posição tem importantes consequências jurídicas.

Ao arrendamento de prédios do Estado aplicam-se, *a título subsidiário*, *o regime da locação previsto no Código Civil e o disposto nos arts. 2º a 4º, 19º a 21º, 44º a 46º, 74º a 76º e 83º a 85º 88º e 89º do R.A.U.* com as devidas adaptações (art. 6º, n.º 1). Já aos arrendamentos sujeitos a legislação especial aplicam-se, também, o regime geral da locação civil, bem como o regime do arrendamento urbano *na medida em que a sua índole for compatível com o regime desses arrendamentos* (art. 6º, n.º 2). Estabelece-se, assim, um regime mais *elástico* para os arrendamentos sujeitos a legislação especial, como é o caso do arrendamento social. *Não têm aqui aplicação necessária –* como acontece para o arrendamento, em geral, de prédios do Estado *– as disposições do R.A.U. relativas a*:

– natureza e fim do contrato: arts. 2º e 3º;
– deteriorações lícitas: art. 4º
– disposições gerais sobre renda: arts. 19º a 21º;

- sub-arrendamento: arts. 44° a 46°;
- disposições gerais do arrendamento para habitação: arts. 74° a 76°;
- incomunicabilidade do arrendamento: art. 83°;
- transmissão por divórcio: art. 84°;
- transmissão por morte: art. 85°;
- renúncia à transmissão do arrendamento: art. 88°;
- comunicação ao senhorio: art. 89°.

Ainda assim, a título subsidiário, será sempre aplicável ao arrendamento social o regime geral da locação civil (arts. 1022° a 1063° do Código Civil), colmatado com as regras especiais do arrendamento urbano sempre que a sua natureza se coadune com os fins particulares de natureza social informadores daquele regime.

4. Justificação da uniformização do regime legal para todos os tipos de arrendamento

O arrendamento social do Município do Porto assenta actualmente em três regimes diferentes: um de 1945, outro de 1983 e outro de 1993.

A diferença de regimes cria, na sua aplicação concreta, situações de clara e profunda injustiça, num número muito elevado de casos, facto que tem sido inúmeras vezes denunciado e que está na origem de um descontentamento de grande parte dos arrendatários, gerando intranquilidade social.

O regime de 1993 não revogou nem expressamente, nem implicitamente os regimes anteriores.

No entanto, permitiu a sua aplicação a todos os arrendamentos anteriores, portanto não apenas aos arrendamentos de 1983, como também aos arrendamentos do regime de 1945.

O projecto de regulamento que apresentamos utiliza a possibilidade que o regime de 1993 expressamente prevê e estabelece um regime uniforme para todos os arrendamentos sociais, anteriores ou posteriores a 1993. Trata-se de uma solução inteiramente legal, porque é expressamente permitida pelo legislador (art. 11.°).

Quanto à questão, que poderá ser suscitada, de saber **por que razão o actual regulamento opta por adaptar as rendas mínimas**

de 1993 às de 1983, quando no resto faz precisamente ao contrário, cumpre referir o seguinte:

1.º – O facto das rendas mínimas de 1983 e de 1993 serem bem diferentes, sendo as primeiras claramente superiores quando dizem respeito a habitações claramente mais antigas, em muito pior estado de conservação e, por conseguinte, com muito menor conforto, cria na prática uma situação de manifesta injustiça e desigualdade. Se os diplomas criam na sua aplicação concreta injustiça e desigualdade, são nessa medida contrários ao Direito (e à Constituição), pois o Direito é por definição justo e elimina todas as situações de injustiça que a lei positiva possa criar.

Em si considerados, os dois regimes são aceitáveis; a sua ajuridicidade resulta da sua aplicação simultânea a situações idênticas.

O regime de 1983 estabeleceu um critério de renda mínima que em si é perfeitamente aceitável do ponto de vista jurídico, nunca tendo sido posto em causa ao longo dos muitos anos que vem sendo aplicado em todo o país. Nada pode levar à conclusão que aqueles que pagavam a renda mínima estivessem a pagar demais.

A injustiça veio a ser introduzida pelo segundo diploma, o de 1993 – que não revogou o regime de 1983 –, ao estabelecer uma renda mínima inferior à do regime de 1983, quando os bens usufruídos são incomparavelmente melhores. Portanto, se os primeiros não estavam a pagar demais (nada indica nesse sentido), são estes que passaram a pagar de menos, com graves repercussões práticas:

a) Primeiro, para as receitas absolutamente indispensáveis ao reinvestimento no sector, sempre necessitado de maiores investimentos;

b) Segundo, para o incentivo ao não trabalho e à não declaração de rendimentos (como demonstra o elevado número dos que não declaram rendimentos), pois as pessoas não se sentiram motivadas a trabalhar, para depois terem de entregar o seu ganho para a renda da casa. Se já têm casa sem necessidade de trabalhar, para quê trabalhar para continuar a ter a mesma casa?

Por conseguinte, a forma mais sensata de corrigir a injustiça criada pelo diploma de 1993 é aumentar proporcionalmente a renda mínima para os valores do regime de 1983, o que considerando as melhores condições existentes levará a uma renda mínima claramente superior. Porém, no mínimo, a renda mínima do regime de 1993 não poderá ser inferior à do regime de 1983.

5. Parecer sobre o aumento da renda mínima

Argumento formal:
A lei do Governo não permite que alguém pague menos do que a renda mínima por ele fixada.

Logo, se o regulamento municipal eleva a renda mínima, formalmente, não está a violar a lei do Governo, porque ninguém irá pagar menos daquilo que o Governo fixou. Não haverá pois desconformidade com a letra da lei.

Argumento material:
O aumento da renda mínima pelo regulamento violará materialmente a lei do Governo?

A resposta a esta questão é bem complexa e deve considerar diferentes aspectos, que passamos a analisar:

1.º – Tanto a Portaria de 1983, como o Decreto-Lei n.º 166/93, estabelecem uma renda mínima, determinando que esta não pode ser inferior a um determinado limite.

O estabelecimento de uma renda mínima, visa impedir que na prática alguém, por pior que seja a sua situação económica, ainda que não aufira quaisquer rendimentos, pague menos do que o limite estipulado. Porém, o verdadeiro objectivo da renda mínima não é o de obrigar pessoas que não podem pagar a ter de suportar despesas para além das suas capacidades, mas combater a fuga ao pagamento quando o controle dos rendimentos é manifestamente impossível ou muito difícil. Portanto, estabelece-se uma renda mínima quando se sabe (com base nos dados da experiência), ou se prevê, que um leque alargado de pessoas, ilicitamente, irão procurar apresentar uma situação que os levaria, se não houvesse a renda mínima, a nada pagar ou a pagar abaixo do valor fixado. Digamos que o legislador aceita um certo risco de obrigar algumas pessoas que efectivamente nada podem pagar a pagar uma certa importância, como mal necessário para impedir que, aproveitando-se da impossibilidade ou grande dificuldade de controlo dos rendimentos, um vasto número de pessoas acabe por nada pagar. Simultaneamente, o estabelecimento da renda mínima pretende pôr em prática a ideia de que todos os cidadãos, sem excepção, deverão contribuir na medida das suas possibilidades para as receitas públicas. Lembra ainda aos moradores das habitações sociais que estão a usufruir de um bem que representa um investimento da sociedade e que portanto deverá ser bem conservado.

Do ponto de vista jurídico, esta solução é perfeitamente aceitável. Ela opera uma ponderação entre o risco de injustiça que pode representar para umas quantas pessoas e as vantagens de obrigar um vasto número de pessoas a contribuir com o seu dinheiro para as receitas públicas e assim para a satisfação das necessidades públicas. Naturalmente que o sistema, globalmente considerado, deve prever formas de apoio aos que comprovadamente nada podem pagar ou não podem pagar a renda mínima e que por esta via se vêem obrigados a pagar. Os múltiplos mecanismos de apoio social do nosso Estado social atendem a estas preocupações e devem estar atentos às novas necessidades que vão surgindo.

2.º – Outra questão que se coloca consiste em saber até que ponto as autarquias estão vinculadas a aplicar a renda mínima legalmente fixada.

Quando a esta questão cumpre dizer o seguinte:

Formalmente, a fixação da renda mínima não obriga à adopção da renda mínima. Daqui resulta que, à partida, ninguém tem direito a pagar a renda mínima. O direito que as pessoas têm no arrendamento social é o de não pagarem mais do que aquilo que a sua capacidade financeira permite, considerando os rendimentos do seu agregado familiar e, no caso da renda máxima, a qualidade do bem usufruído. No arrendamento social estamos perante uma contribuição que atende sobretudo à situação financeira dos arrendatários. Portanto, o direito que os moradores têm é o de pagar segundo a sua capacidade financeira. É precisamente isto que permite e obriga aos reajustamentos – para cima e para baixo – das rendas (que teoricamente podem ser frequentes) consoante se verifiquem alterações das circunstâncias de facto e de direito. Este aspecto afasta decisivamente o regime do arrendamento social do regime do arrendamento urbano, para quem ainda tivesse dúvidas a este respeito.

Por conseguinte, à partida a Câmara do Porto não está obrigada a cobrar uma determinada importância como renda mínima, seja ela qual for. Por exemplo, no caso hipotético de nos bairros sociais não haver famílias muito carenciadas, ninguém poderia invocar o direito à renda mínima, só porque a lei estabelece uma renda mínima.

3.º – Perguntar-se-á então qual a função da renda mínima fixada na Portaria de 1983 e no Decreto-Lei de 1993?

A resposta a esta questão só pode ser uma: a de **indicar** aos municípios e demais proprietários de bairros sociais **um critério aceitável em matéria de esforço minimamente exigível aos arrendatários**. Este critério deverá, como regra geral, ser aceite, a menos que a especificidade de um município não aconselhe a sua aplicação (seria o caso de todos os moradores dos bairros sociais do Porto apresentarem um rendimento elevado ou não apresentarem esse rendimento, mas claramente auferirem rendimentos que não declarassem – p. ex. todos os moradores de um bairro estão empregados numa indústria, não tendo outros encargos significativos. Neste caso, ainda que nada declarassem poderia e deveria a câmara fixar uma renda mínima superior, precisamente proporcional àquilo que ela soubesse que os moradores recebiam, mas não declaravam. Aqui a lei do Governo continuaria a ser respeitada, uma vez que estaria a ser realizado o seu intuito de, por um lado, obrigar os arrendatários a contribuir na medida das suas possibilidades e, por outro lado, impedir que pessoas se aproveitassem da impossibilidade ou dificuldade de controle para não pagarem ou pagarem menos daquilo que realmente deveriam pagar.

Porém, na falta de elementos objectivos, a Câmara do Porto deve aceitar como válido o critério proposto pela lei do Governo.

4.º – Coloca-se agora a questão de saber se a Câmara do Porto pode actualizar de uma só vez a renda mínima (do regime de 1983), quando o não tenha feito durante muitos anos.

A resposta a esta questão tem de ser afirmativa. Para responder a esta questão de nada nos serve o facto de no arrendamento urbano privado não ser permitida uma tal solução. Efectivamente, como já foi salientado, o arrendamento social encerra verdadeiramente a cedência de um bem do domínio público, contra uma contraprestação calculada na base das possibilidades de quem paga. O facto de haver normas do direito privado que hipoteticamente poderão em certos casos ser aplicadas subsidiariamente, em nada altera a relação existente entre a Câmara e o arrendatário.

A Câmara pode actualizar de uma só vez a renda mínima porque o objectivo da renda mínima continua a ser o de evitar uma forte fuga ao pagamento, ainda que isso possa ter como custo o risco de obrigar algumas pessoas para além das suas possibilidades. Quando a Câmara actualiza os valores da renda mínima ela não viola o critério proposto pela Administração central, mas limita-se a aplicá-lo de forma actual, respeitando-o, portanto. Podemos mesmo dizer que o que viola o critério proposto pelo Governo Central é a sua não actualização, pois em rigor neste caso ele deixou de ser respeitado. Nesta linha de ideias, a actualização do critério, mesmo que feita de uma só vez, não só é permitida, como mesmo imposta.

Exemplificando: Em 1983, o legislador, considerando os dados gerais do país naquela época (nomeadamente o salário mínimo nacional, às pensões mínimas então praticadas, etc.), entendeu que o justo equilíbrio entre o interesse de perseguir a fuga ao pagamento e o risco que corria de injustiça na cobrança a quem nada podia pagar se situava nos dois euros. Ora, com o aumento dos salários e das pensões e com as variações económicas e sociais entretanto sofridas verificou-se uma alteração deste justo equilíbrio, o que significa dizer que os dois euros deixaram de garantir o justo equilíbrio. O que o legislador quer ao estabelecer o justo equilíbrio é que ele se mantenha sempre actual. Se assim é, uma actualização do referido equilíbrio no ano de 2002 para valores (realidade económica e social), p. ex., de 1995 (p. ex. de 2 euros para 4 euros) continuaria a desrespeitar o equilíbrio estabelecido pelo legislador, na medida em que não o mantinha actualizado. Logo, pode e deve haver actualização das rendas mínimas de uma só vez para valores actuais.

5.º – No que concerne à questão do aumento da renda mínima dos fogos arrendados a partir de 1993, a actualização é feita automaticamente por força da cláusula de 1% do salário mínimo nacional. Aqui o legislador, que como referimos acima, quer um equilíbrio permanentemente actualizado, encontrou uma fórmula capaz de garantir a actualização desse equilíbrio.

6.º – Coloca-se agora a questão de saber se, no que respeita aos arrendamentos posteriores a 1993, a Câmara poderá já não actualizar o equilíbrio estabelecido pelo legislador (pois essa actualização é automática), mas estabelecer um novo equilíbrio, isto é, estabelecer uma renda mínima superior à que resulta da aplicação do critério formalmente estabelecido pelo legislador.

A resposta a esta questão é também ela afirmativa, por razões de adaptação às circunstâncias do caso concreto (do Município do Porto) e por razões de justiça material. Efectivamente, como já foi salientado, a função do equilíbrio estabelecido pelo legislador não é a de obrigar à sua adopção, pura e simples, mas apenas a de servir de critério geral. Ora, o critério geral, pode não ser aplicado quando circunstâncias específicas não aconselhem à sua aplicação ou quando a sua aplicação conduza a situações de injustiça. É o que efectivamente acontece. Actualizando as rendas mínimas de 1983, e nesta medida respeitando a vontade do legislador, temos que elas se situam agora em 10 euros; actualizando as rendas mínimas de 1993, temos que elas se situam em cerca de 3,40 euros. A injustiça é tanto maior quanto é certo que as habitações arrendadas ao abrigo do regime de 1993 são significativamente mais novas e têm um nível de conforto incomparavelmente superior às habitações mais antigas, a maior parte das quais estão em mau estado de conservação. Não será justo que uma pessoa, mesmo que nada possa pagar, mas que é obrigada a pagar a renda mínima, pague no regime de 1983 10 euros e outra em iguais circunstâncias pague no regime no regime de 1993 apenas 3,40 euros.

A Câmara do Porto tem pois legitimidade para, pelo menos, aplicar o equilíbrio estabelecido pelo legislador de 1983 (válido para as habitações mais antigas e em muito pior estado de conservação) a habitações novas, em muito bom estado de conservação. Só assim será respeitado o princípio da igualdade material. A situação de carência é a mesma, logo a exigência de esforço a impor às famílias deverá ser a mesma.

7.º – Finalmente, importa chamar a atenção para um aspecto da maior relevância. A renda mínima só poderá ser cobrada a quem efectivamente não possa pagar absolutamente nada (por força da imposição legal resultante do estabelecimento do critério) ou mais que esse montante. Todos os demais têm de pagar, na proporção das suas possibilidades. É dever jurídico da Câmara do Porto fazer respeitar esta imposição jurídica. Se na prática cerca de 30% dos moradores dos bairros não apresentam rendimento algum, quando os entendidos na matéria são unânimes em considerar que essa percentagem é claramente muitíssimo mais baixa (entende-se geralmente que andará pelos 2% a 3%), isso significa que muita gente está a ser indirectamente subsidiada sem o dever ser ou muito para além daquilo a que teria direito. Esta perda de receitas da Câmara faz naturalmente muita falta para implementar e aperfeiçoar ainda mais a política de arrendamento social. Por conseguinte, é urgente proceder a uma maior fiscalização das possibilidades económicas das pessoas que declaram não auferir qualquer rendimento, a começar pelos casos mais suspeitos.

Se de todo em todo for impossível ou excessivamente difícil ou oneroso proceder a essa fiscalização e denúncia de uma percentagem significativa dos que declaram não auferir quaisquer rendimentos, então estarão reunidas as condições para o município do Porto, na prossecução das funções que lhe estão confiadas em matéria de arrendamento social, elevar o critério de equilíbrio proposto pelo Governo e assim estabelecer uma renda mínima razoável, que em nosso entender se situa nos 10 euros. Esta solução apresenta-se necessária dada a elevadíssima percentagem dos que declaram não auferir quaisquer rendimentos, aliada à impossibilidade ou grande dificuldade de controlo da veracidade das declarações feitas. O aumento situa-se claramente nos limites da razoabilidade do critério imposto pelo legislador. Porém, uma tal solução faz aumentar algumas situações de injustiça, que no entanto poderão ser facilmente combatidas com algum apoio específico para quem objectivamente não esteja em condições de auferir qualquer rendimento ou um rendimento suficiente para poder pagar a nova renda mínima, como será o caso, por exemplo, das mães que possuem ao seu exclusivo encargo alguns menores ou daqueles que física ou psicologicamente não podem trabalhar (portanto, aqueles que não trabalham porque objectivamente não podem trabalhar). O sistema de apoio social deverá estar atento a estas necessidades.

Em conclusão:

O Município do Porto pode (e deve), através de regulamento, actualizar as rendas mínimas fixadas pelo Governo. Pode também adaptar o padrão da renda mínima às particularidades dos seus bairros sociais, considerando o facto específico de mais de 30% dos arrendatários se escudarem na impossibilidade ou grande dificuldade de controlo para declararem que não auferem quaisquer rendimentos. A percentagem referida está manifestamente para além da realidade.

O facto de, segundo o levantamento feito, apenas 1,18% dos arrendatários com rendimento inferior ao salário mínimo nacional declararem estar em situação de desemprego e de apenas 1,02% dos arrendatários com rendimento inferior ao salário mínimo nacional declararem receber o Rendimento Mínimo Garantido (ver Quadro 4, III, 2.2.), revela bem que a generalidade dos casos declarados de ausência de rendimento não corresponde à verdade. Por conseguinte, entendemos que o Município do Porto, dadas as circunstâncias referidas, pode elevar a renda mínima até um limite razoável, que não ultrapasse a razoabilidade do critério estabelecido pelo legislador central, que se situa nos dez euros, devendo no entanto salvaguardar mecanismos de apoio aos que objectivamente não estão em condições de poder auferir rendimentos que lhes permitam pagar a referida renda mínima.

III – ESTUDO ECONÓMICO-FINANCEIRO

1. *Análise da filosofia subjacente à gestão do parque de habitação social*

Analisando a intervenção dos maiores municípios na oferta de habitação social constatamos que:

a) Os Municípios são *proprietários de um número excessivo de fogos*. Esse facto resultou de uma contínua política de intervenção do lado da oferta. A ideia de que a oferta pública de habitação assegura menores custos de fornecimento de habitação, a necessidade de preenchimento de um segmento de oferta muitas vezes insuficiente, a necessidade de acudir a situações de emergência, a tentação dos municípios em se envolverem em políticas redistributivas, são algumas das causas deste facto.

b) A oferta massificada e concentrada de habitação social é responsável, hoje em dia, pela geração de *externalidades negativas* que condicionam soluções de remédio para a situação existente. Em muitas situações apenas políticas drásticas e dispendiosas poderão surtir efeito (veja-se, por exemplo, as iniciativas em debate na CMP para resolver problemas nos bairros mais problemáticos).

c) Os municípios surgem, assim, irremediavelmente associados a problemas urbanos. Estes problemas decorrem do tipo de oferta, mas também do enviesamento das políticas em favor de despesas de investimento comparativamente às despesas de manutenção e prestação de serviços (por exemplo, limpeza dos bairros).

d) A incapacidade dos municípios para inverterem esta situação resulta da necessidade de acorrer a novas necessidades (mais investimento em detrimento de despesas de manutenção), do elevado *stock* de habitações sociais que requer uma organização complexa e elevados recursos financeiros e da baixa motivação dos utentes para se envolverem em políticas de requalificação (ausência de incentivos e elevadas externalidades negativas).

e) Para esta incapacidade dos municípios contribui o enquadramento legal deste tipo de habitação que, como é demonstrado no estudo dos serviços de habitação da CMP, conduz a situações de iniquidade e a uma cobrança insuficiente de receitas.

A situação caracterizada acima tem implicações profundas na actividade dos municípios e das cidades, nomeadamente finanças municipais, equidade social, inserção social, eliminação de externalidades negativas. São preocupações deste teor que subjazem a esta reflexão.

1.1. *A necessidade de combinar políticas do lado da procura com políticas da lado da oferta em favor do centro das cidades*

O quadro traçado anteriormente pode conduzir à ideia de que as políticas habitacionais foram todas elas orientadas para a oferta. Tal pode ser verdade para os segmentos de população de rendimento mais baixo, mas não o é para os segmentos de rendimento médio-baixo. Com efeito, Portugal seguiu durante as últimas décadas uma política de habitação de apoio à aquisição da primeira habitação, que permitiu a muitos agregados familiares em escalões de rendimento médio-baixos aceder a este bem essencial. Esta política tem a virtude de poder induzir um *filtramento para cima*, com uma progressiva libertação de habitações que ficariam disponíveis para os segmentos da população com rendimentos mais baixos. Infelizmente, este filtramento para cima não ocorreu em consequência do trauma do congelamento das rendas no passado. Não funcionando o mercado do arrendamento (proprietários querem obter nas suas habitações arrendadas uma remuneração equivalente à taxa de juro nominal e não igual à taxa de juro real acrescida de uma taxa de depreciação e de manutenção, o que torna o arrendamento não competitivo com a aquisição de habitação). Este facto fez com que o número de habitações devolutas aumentasse de uma forma preocupante nos centros das cidades de maior dimensão e não permitiu resolver o problema de habitação das famílias de rendimento mais baixo que continuam a depender da oferta pública de habitação.

O argumento de que os subsídios atribuídos à aquisição de habitação são em grande parte captados pela oferta (gerando preços de habitação mais elevados) bem como restrições de natureza orçamental induziram recentemente uma inversão deste tipo de política orientada para o apoio à aquisição da primeira habitação. Uma almofada para esta mudança é o alargamento dos prazos de amortização dos empréstimos que aproxima, pelo menos para a vida esperada do comprador de habitação, a solução de compra da do arrendamento. Por si só, este condicionamento não será suficiente para anular o enviesamento em favor da aquisição (razões psicológicas de quem arrenda e de quem compra são a principal razão para esta previsão).

Não funcionando o mercado de arrendamento pelas razões apontadas, pergunta-se então porque é que o mercado de venda de habitações deixa um segmento tão numeroso de famílias sem uma oferta adequada às suas posses? Para uma parte destas famílias, o rendimento será sempre insuficiente para a compra e para o arrendamento a preços de mercado. Para outras famílias com rendimentos ainda modestos constata-se que a oferta existente no mercado não responde às suas necessidades. Está bem demonstrado na literatura especializada que os promotores beneficiam com a inclusão de atributos nas suas habitações, muitos deles atributos acessórios e pouco importantes para a qualidade intrínseca das habitações. Ocorre um enviesamento em favor dos segmentos mais altos e um abandono dos segmentos mais baixos na oferta de habitações. Este facto reforça a necessidade do envolvimento do Estado na oferta de habitação para este segmento de famílias.

No momento presente as cidades de grande dimensão como Lisboa e Porto têm um *stock* de habitações não ocupadas muito importante com todas as más consequências daí resultantes. A desertificação dos centros das cidades e as externalidades negativas associadas a um parque habitacional degradado são factores de forte influência sobre toda a vida da cidade nos mais variados aspectos, inclusive o das receitas fiscais. Numa perspectiva de médio e longo prazo há que apostar nesta vertente. *Usando a linguagem da gestão estratégica há que transformar uma ameaça numa oportunidade para a cidade*. Uma solução que começa a ser equacionada é a de combinar políticas do lado da oferta com políticas do lado da procura. Do lado da oferta é necessário *dar escala à intervenção* de forma a combater-se as externalidades negativas (não se pode recuperar um edifício deixando o edifício contíguo abandonado e degradado). Do lado da oferta é necessário *assegurar flexibilidade* abrindo a diferentes promotores privados a iniciativa de recuperação. No quadro institucional é necessário *assegurar um quadro legal* que permita anular o trauma ainda existente decorrente do congelamento das rendas. Do lado da procura é fundamental definir *apoios selectivos* que apoiem a procura (nas duas vertentes: arrendamento e aquisição) e que de uma forma selectiva apoiem os casais jovens e as famílias carenciadas. A diminuição dos apoios à aquisição de primeira habitação conjugada com a introdução de apoios de natureza idêntica para a aquisição de uma habitação recuperada nos centros das cidades, ou a concessão de subsídios às rendas de habitações recuperadas nos centros das cidades, permitiria estabilizar a população residente na cidade, evitar perda de receita fiscal, diminuir externalidades negativas e, sobretudo, diminuir a pressão para a oferta de novas habitações numa configuração tipo bairro social.

1.2. *Que consequências para a gestão dos bairros sociais?*

As famílias que habitam um bairro social, num quadro de gestão em que há alguma incapacidade para actualizar os rendimentos e, portanto, para actualizar as rendas pagas, beneficiam de um subsídio em espécie em quantidade fixa. Isto significa que as famílias que ocasionalmente vejam os seus rendimentos subirem ficam na situação de terem de optar por aumentar o seu consumo de habitação (por exemplo, comprando ou arrendando uma habitação fora do bairro social) e assim perderem o subsídio implícito ou manter-se no bairro numa situação de sub-consumo de habitação. Desde logo decorre que a mobilidade aumentará se for possível encontrar *mecanismos de ajustamentos dos rendimentos* de forma a que o subsídio implícito diminua e daí a decisão de saída seja menos custosa. Acresce que haverá toda a vantagem em fixar as rendas técnicas em valores próximos dos valores de mercado para que as famílias que estão em condições de obter a sua habitação no mercado (quer comprando, quer arrendando) o façam. Terceiro, do ponto de vista da gestão por parte do município não parece ser de excluir o município assumir algum papel incentivador, promovendo o "filtramento para cima" subsidiando por um período determinado as famílias que libertem uma habitação num bairro social e que opte por uma habitação recuperada no centro da cidade. Desta forma, evita-se aumentar a responsabilidade do lado da oferta por parte do município em matéria de habitação social. Segundo, os fundos poupados por não se construir novas habitações sociais poderão ser encaminhadas para a recuperação urbana. Esta opção política por uma regra de "stand still" em matéria de bairros sociais não significa uma menor preocupação com a habitação social por parte do município. *Pelo contrário, dá flexibilidade à política e permite responder aos reais problemas dos bairros existentes.*

Para evitar que a saída das famílias com maiores possibilidades económicas induza um "filtramento para baixo", o município tem de se envolver *numa política de crescimento das despesas de manutenção e aumento da qualidade dos bairros existentes.* Só será possível actualizar o valor das rendas sociais, e desta forma aproximar as rendas técnicas das rendas de mercado, se os utentes sentirem que é seguida uma política de *"value for money",* isto é, se os eventuais aumentos forem encaminhados para o reforço das verbas a consignar à manutenção de cada bairro.

As preocupações agora enunciadas inserem-se bem na agenda definida pelos responsáveis da CMP pela área da habitação social, que identificam a necessidade de um novo enquadramento legal para a habitação social nos municípios que assegure justiça social e aumente o nível de satisfação dos utentes e dos cidadãos em geral.

1.3. *Como operacionalizar as medidas preconizadas?*

Qualquer alteração no arrendamento urbano é muito difícil de implementar. Não será, por certo, menos difícil fazê-lo ao nível da habitação social, apesar da ocupação se fazer num quadro legal diferente. Primeiro, há que conquistar os utentes para a mudança dando claras garantias de que o aumento das receitas será consignado à conservação dos respectivos bairros. Segundo, há que reforçar a ideia de que se pretende anular injustiças de que muitos se queixam. Terceiro, a mudança será mais fácil de fazer no quadro de políticas mais abrangentes e com âmbito nacional.

A tarefa que o CIJE tem entre mãos, é propor um novo enquadramento legal para os bairros sociais da CMP, eventualmente a considerar de uma forma mais abrangente a nível nacional. Como é bem realçado pelo estudo da CMP, a grande dificuldade tem a ver com a importância que a economia paralela assume nos rendimentos de muitas famílias que ocupam bairros sociais. Será necessário encontrar mecanismos de actualização da capacidade para pagar das famílias assegurando que nessa capacidade para pagar se incluam sinais exteriores de riqueza.

2. Breve caracterização da situação actual

Os Serviços de Habitação Social da Câmara Municipal do Porto dispõem de uma base de dados em ORACLE muito rica em informação que permitirá efectuar simulações do impacto das alterações propostas, embora se anteveja algumas dificuldades decorrentes desta base de dados não ter sido desenhada especificamente com esta finalidade. Neste estudo tivemos acesso a informações em ACCESS sem pôr em causa a confidencialidade dos dados.

Uma primeira tarefa desenvolvida foi a de obtermos informação sobre a importância e evolução das receitas geradas pela habitação social na Câmara Municipal do Porto. Com o apoio dos Serviços de habitação da CMP foi feito um levantamento exaustivo deste tipo de receitas (ver anexo B).

O valor das receitas no primeiro semestre de 2002 foi de 2.351.827,38 euros o que nos permite inferir uma receita anual de cerca de 4.703.654 euros. A receita gerada no primeiro semestre de 2002 está igualmente desagregada por bairros e fogos do "património" da CMP.

2.1. *Não cumprimento e relação contratual*

Uma matéria interessante do ponto de vista do nosso trabalho é identificar o grau de não cumprimento por parte dos arrendatários e relacionar esse grau de não cumprimento com o vínculo contratual. O grau de não cumprimento pode ser estimado calculando a percentagem de rendas enviadas para cobrança coerciva, caso a política seguida nesta matéria por parte dos serviços seja estável ao longo do tempo. Como decorre do quadro um, constatamos um crescimento ao longo da década de 90 na percentagem de rendas enviadas para cobrança coerciva que atinge o seu valor máximo no ano de 1997 para voltar a diminuir desde então. O primeiro semestre de 2002 marca uma nova inversão da tendência, a que não será por certo estranha a recente conjuntura económica.

Quadro 1. Rendas enviadas para cobrança coerciva em %

	Percentagem de rendas enviadas para cobrança coerciva
1992	4,7 %
1993	5,0 %
1994	5,5 %
1995	5,7 %
1996	6,5%
1997	7,2%
1998	6,8%
1999	6,0%
2000	5,8%
2001	5,2%
1º semestre de 2002	5,9 %

No primeiro semestre de 2002 as rendas enviadas para cobrança coerciva foram de 4635 num total de 78.678 o que representa 5,9% dos casos. Quando se considera a relação contratual, esta percentagem é de 6,4% para arrendamento e 5,8 % para alvarás, diferença esta que não é muito significativa.

Interessa, igualmente, investigar a relação entre o grau de não cumprimento e o nível das rendas. Uma forma indirecta de o fazer é calcular a renda média para os casos de cumprimento e a renda média para os casos de não cumprimento. Para os fogos dos bairros municipais (excluímos os fogos do património) a renda média cobrada no primeiro semestre de 2002 é de 30,32 euros. Em contrapartida a renda média enviada para cobrança coerciva é de 24,59 euros, o que confirma a nossa expectativa de que o grau de incumprimento ocorre mais acentuadamente em rendas de valor mais baixo. Esta constatação tem implicações sobre a actualização das rendas/taxas, pois será nas taxas e rendas mais baixas que mais provavelmente poderão surgir situações de não cumprimento. Esta nossa conclusão é suportada pela evidência disponível para os outros anos (embora 1992 e 1993 sejam excepções).

Quadro 2. Rendas médias cobradas e enviadas para cobrança coerciva (euros)

	Renda média paga	Renda coerciva
1992	14,84	16,47
1993	17,16	17,76
1994	18,60	17,49
1995	21,79	18,58
1996	23,77	19,94
1997	25,55	20,71
1998	26,08	21,51
1999	27,22	21,17
2000	27,99	21,21
2001	28,51	22,34
1º semestre de 2002	30,32	24,59

Com base na informação disponível para o primeiro semestre de 2002 é possível calcular o grau de não cumprimento por bairro. Conforme se pode observar no quadro três, há uma grande dispersão por bairros. Os valores mais elevados ocorrem nos bairros de Bessa Leite (33,3%), S. João de Deus (16,3%), Areias (13,8%), Aleixo (10,7%), Lagarteiro (10,7%), Urbanização da Faculdade de Engenharia (10,3%).

Quadro 3. Percentagem das Rendas Coercivas, Rendas Médias Cobradas e Coercivas

Cód.	Bairro	% de rendas coercivas	Valor médio da renda coerciva	Valor médio da renda cobrada
1	BLOCO DUQUE DE SALDANHA (a)	3,7%	9,98 €	12,98 €
2	BAIRRO S. JOAO DE DEUS (a)	16,3%	9,25 €	9,53 €
3	BAIRRO S. VICENTE DE PAULO (a)	7,1%	13,94 €	10,73 €
4	BAIRRO DA RAINHA D. LEONOR (a)	6,2%	19,85 €	20,15 €
5	BAIRRO DAS CONDOMINHAS (a)	7,1%	2,00 €	6,84 €
10	BAIRRO DE ALDOAR (a)	9,1%	16,49 €	19,30 €
11	BAIRRO DA AGRA DO AMIAL (a)	2,5%	22,38 €	18,42 €
12	BAIRRO DO BOM SUCESSO (a)	1,8%	20,91 €	20,71 €
13	BAIRRO DAS CAMPINAS (a)	4,7%	12,46 €	16,68 €
14	BAIRRO DE FRANCOS (a)	5,3%	15,10 €	18,48 €
15	BAIRRO DO CARRICAL (a)	3,8%	13,64 €	15,75 €
16	BAIRRO DO CARVALHIDO (a)	4,4%	15,36 €	18,65 €
17	BAIRRO DO CERCO DO PORTO (a)	8,0%	16,39 €	17,82 €
18	BAIRRO DE FERNAO MAGALHAES (a)	0,9%	23,38 €	19,30 €
19	BAIRRO DA FONTE DA MOURA (a)	5,7%	16,54 €	19,43 €
20	BAIRRO DO ENG. MACHADO VAZ (a)	6,1%	14,33 €	16,92 €
21	BAIRRO DO OUTEIRO (a)	3,8%	13,76 €	18,33 €
22	BAIRRO DA PASTELEIRA (a)	7,4%	15,69 €	19,72 €
23	BAIRRO PIO XII (a)	4,6%	21,20 €	21,67 €
24	BAIRRO DO REGADO (a)	4,9%	11,64 €	14,68 €
25	BAIRRO S. ROQUE DA LAMEIRA (a)	5,1%	19,71 €	18,31 €
30	BAIRRO DO ALEIXO (a)	10,7%	15,99 €	21,12 €
31	BAIRRO DO BOM PASTOR (a)	3,6%	20,16 €	22,67 €
32	BAIRRO DE CONTUMIL (a)	4,0%	34,35 €	25,74 €
33	BAIRRO DO FALCAO (a)	5,2%	24,80 €	27,56 €
34	BAIRRO DO LAGARTEIRO (a)	10,7%	23,67 €	20,38 €
35	BAIRRO DE LORDELO (a)	4,6%	20,55 €	24,22 €

Quadro 3. (Continuação)

36	BAIRRO DO MONTE DA BELA (a)	4,6%	21,90 €	20,13 €
37	BAIRRO DO DR. NUNO PINHEIRO TORRES (a)	5,9%	18,36 €	20,81 €
40	BAIRRO DE BESSA LEITE (arrendamento) (b)	33,3%	72,53 €	88,47 €
41	BAIRRO CENTRAL DE FRANCOS (a)	2,2%	26,05 €	34,64 €
42	BAIRRO DE RAMALDE (b)	7,2%	39,24 €	28,11 €
43	BAIRRO DO VALE FORMOSO (b)	1,8%	34,46 €	43,63 €
44	BAIRRO DA MOUTEIRA (b)	6,1%	58,11 €	55,72 €
50	PRE-FABRICADAS DAS AREIAS (a)	13,8%	10,79 €	15,47 €
51	PRE-FABRICADAS DAS CRUZES (a)	8,7%	9,80 €	11,84 €
71	URBANIZACAO DE SANTA LUZIA	2,4%	125,79 €	119,16 €
72	URBAN. FACULDADE ENGENHARIA (a)	10,3%	2,43 €	2,44 €
80	BAIRRO DO CERCO DO PORTO - NOVO (b)	7,2%	68,14 €	57,12 €
81	AGRUP. HABIT. CONDOMINHAS (a)	1,2%	136,27 €	180,77 €
82	AGRUP. HABITACIONAL PASTELEIRA	4,8%	87,79 €	82,21 €
83	GRUPO DE MORAD. POPUL. DOS CHOUPOS (b)	2,2%	151,51 €	163,11 €
84	AGRUP. HABITACIONAL DO FALCÃO (a)	6,4%	95,27 €	80,90 €
85	AGRUP. HABITACIONAL VISO (a)	5,3%	75,63 €	92,44 €
86	AGRUP. HABITACIONAL DA FONTINHA (a)	7,0%	157,59 €	57,81 €
87	AGRUPAMENTO HABITACIONAL ANTAS (a)	3,6%	77,84 €	198,64 €
88	AGRUPAMENTO HABITACIONAL ILHÉU (a)	1,9%	149,08 €	77,58 €
	Totais - Fogos de Bairros Municipais	5,9%	24,59 €	30,32 €
90	PATRIMONIO - ZONA POSTAL 4000 (c)	9,1%	6,82 €	9,49 €
91	PATRIMONIO CRUARB - ZONA POSTAL 4050 (c)	9,0%	44,05 €	38,92 €
92	PATRIMONIO - ZONA POSTAL 4050 (c)	7,3%	13,50 €	6,92 €
93	PATRIMONIO - ZONA POSTAL 4100 (c)	3,7%	5,58 €	7,44 €
94	PATRIMONIO - ZONA POSTAL 4150 (c)	5,2%	15,61 €	9,57 €
95	PATRIMONIO - ZONA POSTAL 4200 (c)	12,5%	7,05 €	24,18 €
96	PATRIMONIO - ZONA POSTAL 4250 (c)	7,4%	2,36 €	11,69 €
97	PATRIMONIO - ZONA POSTAL 4300 (c)	8,5%	4,49 €	7,42 €
98	PATRIMONIO - ZONA POSTAL 4350 (c)	0,0%	0,00 €	6,36 €
	Totais - "fogos do Património"	8,1%	26,01 €	22,18 €
	Totais gerais	6,0%	24,71 €	29,82 €

2.2. Declaração de rendimentos e rendas pagas

Como se referiu anteriormente, a iniquidade dos valores das rendas cobradas pode estar associada à não declaração de rendimentos e ao facto de muitos rendimentos serem obtidos na economia paralela e por isso não surgirem nas declarações de IRS.

Partindo do princípio que a actualização dos dados do arrendatário implica a actualização do seu vencimento, escolheram-se como variáveis relevantes "data de criação do arrendatário" e "data de alteração da informação do arrendatário".

Para classificar qualitativamente a informação em "actualizada" e "não actualizada", tomou-se como critério o fim do ano de 1997. Ou seja, todas as observações que sejam de 1997 para trás, ou que nem sequer tenham uma data definida, são consideradas "desactualizadas". Com a ajuda de uma *"query"* foi possível contabilizar que da totalidade das observações apenas 27,4% estavam actualizadas a partir de 1998.

Como muitas das observações se apresentam incompletas por falta de registo de data de criação do arrendatário, procedeu-se a mais uma *"query"* para ficar com uma noção das lacunas existentes nestes dados. Na Query Lacunas, após a exclusão de observações sem data de criação definida restaram 66,7% da totalidade. Cerca de 33,3% dos registos apresentam lacunas sendo um pouco imprevisível o que está por trás destes registos.

De forma a detectarmos em que medida os rendimentos são declarados, cruzamos rendimento com profissões. A classificação das profissões carece de alteração, pois é demasiado desagregada (447 categorias) havendo designações diferentes para a mesma profissão. Seleccionamos os arrendatários com rendimento inferior ao salário mínimo nacional e tentamos identificar que profissões são essas que têm remunerações tão baixas. Identificando as profissões mais representativas (vide quadro 4), constatamos que 44,39% das 10447 observações não têm a profissão definida, o que indicia as dificuldades de obtenção de informação ou o peso da economia paralela.

Quadro 4. Profissões mais representativas dos arrendatários com rendimento mensal inferior ao salário mínimo nacional

	% dos arrendatários com rendimento inferior ao Rendimento Mínimo Nacional
Profissão não definida	44,39%
Reforma (pensionista)	20,96%
Emp. doméstica (emp. de limpeza, emp. a dias)	5,53%
Costureira	1,42%
Servente	1,23%
Desempregado	1,18%
Motorista	1,18%
Rendimento Mínimo Garantido	1,02%
Vendedor ambulante	0,95%
Trabalhador por conta própria	0,86%
Doméstica	0,80%
Metalúrgico	0,80%
Biscateiro	0,70%
Serralheiro	0,55%
Empregado de armazém	0,49%
Electricista	0,44%
Cozinheira	0,42%
Trolha	0,42%
Empregado de mesa	0,42%
Pintor	0,41%

As profissões que surgem no topo são precisamente aquelas que favorecem mais a fuga ao fisco. Estes dados indiciam as dificuldades que terão de ser ultrapassadas para se introduzir equidade entre os habitantes dos bairros sociais da Câmara Municipal do Porto.

Analisamos, igualmente, a distribuição dos agregados familiares pelos escalões de rendimento. Conforme se pode observar no quadro cinco, 37,2% das famílias tem um rendimento superior a três salários mínimos nacionais (este valor está ligeiramente sobre-avaliado, porque detectamos que 95 registos terão sido erroneamente feitos, pois os valores são demasiado altos, isto é, superiores a 5.000 euros).

O rendimento do agregado familiar pode não constituir um bom indicador da capacidade para pagar das famílias, razão pela qual calculamos igualmente o rendimento *per capita* das famílias. A distribuição do rendimento *per capita* pode ser analisada no quadro 6 e figura 2.

Quadro 5. Distribuição do Rendimento dos Agregados Familiares

Rendimento global do agregado familiar	n.º	%
Rendimento global<SMN	3068	22,13%
SMN<Rendimento global<1,5SMN	1723	12,43%
1,5SMN<Rendimento global<2SMN	1464	10,56%
2SMN<Rendimento global<2,5SMN	1310	9,45%
2,5SMN<Rendimento global<3SMN	1137	8,20%
Rendimento global>3SMN	5161	37,23%
Total	13863	100,00%

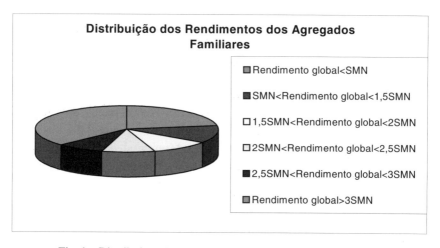

Fig. 1 – Distribuição dos Rendimentos dos Agregados Familiares

Quadro 6. Distribuição do Rendimento *per capita* dos Agregados Familiares

Rendimento *per capita* do agregado familiar	n.º	%
Rendimento *per capita* <SMN	10743	77,49%
SMN<Rendimento *per capita*<1,5SMN	2205	15,91%
1,5SMN<Rendimento *per capita*<2SMN	561	4,05%
2SMN<Rendimento *per capita*<2,5SMN	147	1,06%
2,5SMN<Rendimento *per capita*<3SMN	62	0,45%
Rendimento *per capita*>3SMN	145	1,05%
Total	13863	100,00%

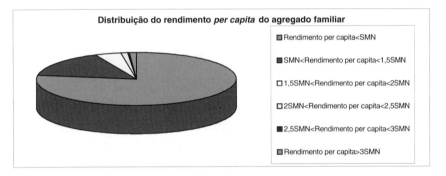

Fig. 2 – Distribuição dos Rendimentos *per capita* dos Agregados Familiares

Quando se considera o rendimento *per capita*, a imagem muda radicalmente pois 77,49% dos agregados familiares têm um rendimento mensal inferior a um salário mínimo nacional.

De forma a termos uma ideia do esforço financeiro feito pelas famílias calculamos o peso da renda paga no rendimento mensal das famílias. Como se pode observar no quadro 7, a grande maioria das famílias faz um esforço que se situa no intervalo entre 1 e 5%. Este indicador de esforço não tem conta a dimensão do agregado familiar, o que constitui uma limitação. No entanto, dá-nos uma ideia da dispersão existente e de que há espaço para aumentar o esforço de algumas famílias e reduzir o esforço de outras.

Quadro 7. Esforço Financeiro das Famílias

	Renda Social em % do Rendimento da Família
Menor que 1%	12,47%
Maior ou igual a 1% e menor que 5%	59,83%
Maior ou igual a 5% e menor que 10%	15,60%
Maior ou igual a 10% e menor que 13%	3,25%
Maior ou igual a 13% e menor que 17%	2,09%
Maior ou igual a 17% e menor que 21%	1,20%
Maior ou igual a 21% e menor que 25%	0,56%
Maior ou igual a 25%	5,00%

3. Simulação do impacto das alterações nos critérios de cálculo das rendas sociais

3.1. Metodologia

De forma a analisarmos o impacto da alteração das rendas sociais fizemos duas simulações para cada grupo recorrendo à base de dados dos Serviços de Habitação da Câmara Municipal do Porto. Numa primeira simulação considerou-se uma renda mínima de 10 euros (actualização monetária dos 2 euros fixados em 1983). Numa segunda simulação considerou-se uma renda mínima de 25 euros. O valor do salário mínimo nacional considerado nas simulações é o proposto pelo Governo da República para 2003.

No cálculo das variações nas rendas (aumentos ou decréscimos) seguiram-se os seguintes procedimentos:

• **Variações nas Rendas**

Nos quadros abaixo, são apresentados os números das ocorrências de variações nas rendas em intervalos previamente definidos. A variação na renda compara a nova renda que resulta da proposta de resolução com a renda actual. Assim:

Variação na Renda = Renda Proposta-Renda Actual

- **Rendas propostas**

O novo valor proposto para a renda é exactamente igual à renda social, a não ser que esta última ultrapasse as rendas máximas propostas na tabela anexa à proposta de resolução ou não atinja sequer a renda mínima. Desta forma, as rendas estão incluídas num intervalo [Renda Mínima; Renda Máxima] sendo que a renda máxima varia de acordo com o estado de conservação/nível de conforto do bairro e o tipo de fogo.

- **Renda Social**

A Renda Social referida no indicador acima resulta da multiplicação da taxa de esforço pelo Rendimento Corrigido.

Renda Social = Taxa de esforço x Rendimento Corrigido

A taxa do esforço está estabelecida por lei como sendo 0,08 do valor resultante do confronto entre o Rendimento Corrigido e o valor do Salário Mínimo Nacional (no caso igual a 356 euros).

$$\text{Taxa de esforço} = \frac{\text{Rendimento Corrigido} \times 0,08}{356}$$

- **Rendimento corrigido**

Este Rendimento é corrigido, porque tem em conta a capacidade para pagar das famílias. Deduz-se ao Rendimento do Agregado Familiar* um montante que depende do número de dependentes do Agregado Familiar.

Rendimento Corrigido = Rendimento mensal x (14/12) – Abatimento Total

- **Abatimento total**

O Abatimento Total do Agregado é a soma do abatimento referente a cada filho e é calculado da seguinte forma:

$$\text{Abatimento pelo 1º filho} = \frac{0,3 \times \text{rendimento mensal} \times 14}{12}$$

$$\text{Abatimento a partir do 2º filho} = \frac{0,1 \times \text{rendimento mensal} \times 14}{12}$$

---

* O rendimento considerado é igual ao rendimento mensal do agregado multiplicado por 14/12, de forma a termos em conta os subsídios de natal e de férias. No cálculo do abatimento fazemos idêntica correcção.

(Na versão final, proposta para aprovação na CMP, o abatimento total é calculado usando o valor do salário mínimo nacional em vez do rendimento mensal e foram incluídas condições adicionais, nomeadamente aumentos máximos, e faseamento dos aumentos).

3.2. Resultado das simulações

Os resultados das simulações são transcritos nos quadros 8 a 12. Conforme se pode observar nestes quadros, a alteração de critérios provoca mais subidas que descidas das rendas sociais, o que não é de estranhar tendo em conta a não correcção das rendas técnicas durante muitos anos, a subida da renda mínima e a nova fórmula de cálculo da renda social. No entanto, as subidas são moderadas. Há ainda que ter em conta que ocorre um considerável número de descidas, beneficiando as famílias com maior número de dependentes.

Quadro 8. Aumentos e Decréscimos das Rendas Sociais – Grupo I

	Número de Ocorrências (renda mínima 10 euros)	Número de Ocorrências (renda mínima 25 euros)
Decréscimos:		
> 200 euros	14	14
>175 e <= 200 euros	0	0
>150 e <= 175 euros	14	14
>125 e <= 150 euros	18	18
>100 e <= 125 euros	114	114
>75 e <= 100 euros	132	132
>50 e <= 75 euros	49	49
>25 e <= 50 euros	36	34
>0 e <= 25 euros	453	317
Sub-total	**830**	**692**
Aumentos:		
>0 e <= 25 euros	7258	7346
>25 e <= 50 euros	291	291
>50 euros	0	0
Sub-Total	**7549**	**7687**
Total	**8379**	**8379**

Ao efectuarmos as simulações, tivemos que fazer alguns ajustamentos porque nem sempre foi possível identificar os bairros conforme a classificação proposta pelos Serviços de Habitação. Isso ocorreu na simulação do Grupo III. Com efeito, não foi possível incluir alguns blocos de bairros pelo facto do código de identificação não nos ter permitido distinguir as ampliações e as caves de alguns bairros. Na simulação do Grupo I não foram considerados os bairros de S. João de Deus e Condominhas por estarem em processo de demolição. Na simulação do Grupo II excluíram-se pela mesma razão os blocos 7 e 8 do Bairro de S. João de Deus.

Quadro 9. Aumentos e Decréscimos das Rendas Sociais – Grupo II

	Número de Ocorrências (renda mínima 10 euros)	Número de Ocorrências (renda mínima 25 euros)
Decréscimos:		
> 200 euros	3	3
>175 e <= 200 euros	1	1
>150 e <= 175 euros	6	6
>125 e <= 150 euros	2	2
>100 e <= 125 euros	5	5
>75 e <= 100 euros	8	6
>50 e <= 75 euros	49	51
>25 e <= 50 euros	50	44
>0 e <= 25 euros	281	176
Sub-total	**405**	**294**
Aumentos:		
>0 e <= 25 euros	441	552
>25 e <= 50 euros	1743	1743
>50 euros	255	255
Sub-Total	**2439**	**2550**
Total	**2844**	**2844**

Quadro 10. Aumentos e Decréscimos das Rendas Sociais – Grupo III

	Número de Ocorrências (renda mínima 10 euros)	Número de Ocorrências (renda mínima 25 euros)
Decréscimos:		
> 200euros	1	1
>175 e <= 200 euros	0	0
>150 e <= 175 euros	0	0
>125 e <= 150 euros	1	1
>100 e <= 125 euros	2	2
>75 e <= 100 euros	6	5
>50 e <= 75 euros	14	12
>25 e <= 50 euros	26	26
>0 e <= 25 euros	190	135
Sub-total	**240**	**182**
Aumentos:		
>0 e <= 25 euros	275	333
>25 e <= 50 euros	135	135
>50 euros	206	206
Sub-Total	**616**	**674**
Total	**856**	**856**

Quadro 11. Aumentos e Decréscimos das Rendas Sociais – Grupo IV

	Número de Ocorrências (renda mínima 10 euros)	Número de Ocorrências (renda mínima 25 euros)
Decréscimos:		
> 200euros	0	0
>175 e <= 200 euros	1	1
>150 e <= 175 euros	0	0
>125 e <= 150 euros	0	0
>100 e <= 125 euros	4	4
>75 e <= 100 euros	14	14
>50 e <= 75 euros	19	19

>25 e <= 50 euros	7	7
>0 e <= 25 euros	20	20
Sub-total	**65**	**65**
Aumentos:		
>0 e <= 25 euros	50	50
>25 e <= 50 euros	32	32
>50 euros	616	616
Sub-Total	**698**	**698**
Total	**763**	**763**

Quadro 12. Aumentos e Decréscimos das Rendas Sociais – Grupo V

	Número de Ocorrências (renda mínima 10 euros)	Número de Ocorrências (renda mínima 25 euros)
Decréscimos:		
> 200 euros	3	3
>175 e <= 200 euros	2	2
>150 e <= 175 euros	1	1
>125 e <= 150 euros	0	0
>100 e <= 125 euros	7	7
>75 e <= 100 euros	12	12
>50 e <= 75 euros	16	15
>25 e <= 50 euros	29	25
>0 e <= 25 euros	46	43
Sub-total	**116**	**108**
Aumentos:		
>0 e <= 25 euros	67	75
>25 e <= 50 euros	48	48
>50 euros	442	442
Sub-Total	**557**	**565**
Total	**673**	**673**

De forma a avaliarmos o impacto sobre a receita, calculamos para cada grupo de bairros o somatório das variações nas rendas. Conforme se pode observar no quadro 13, as alterações aumentam a receita gerada pelos bairros camarários. Porque o grupo III está incompleto, *o aumento será ligeiramente superior* ao estimado neste quadro.

Quadro 13. Variação na Receita Mensal e Anual (euros)

	renda mínima 10 euros	renda mínima 25 euros
Grupo I	25108,98	36221,85
Grupo II	73660,94	78768,29
Grupo III	21521,64	23212,22
Grupo IV	44392,96	44454,54
Grupo V	-23660,44	-23195,65
Total mensal	**141024,08**	**159461,25**
Total anual	**1692289,03**	**1913535,14**

Quadro 14. Variação na Receita Mensal e Anual (euros)

	renda mínima 10 euros	renda mínima 25 euros	total
Grupo I	25108,98		25108,98
Grupo II	73660,94		73660,94
Grupo III	21521,64		21521,64
Grupo IV		44454,54	44454,54
Grupo V		-23195,65	-23195,65
Total mensal			**141 550,46**
Total anual			**1698605,56**

Quadro 15. Variação na Receita Mensal por Habitação (euros)

	renda mínima 10 euros	renda mínima 25 euros	Acréscimo percentual com adopção de renda mínima de 25 euros
Grupo I	3,00	4,32	44%
Grupo II	25,90	27,66	6,8%
Grupo III	25,14	27,12	7,9%
Grupo IV	58,10	58,19	0,15%
Grupo V	-35,36	-34,47	2,5%

A variação na receita mensal média por habitação dá-nos uma ideia do impacto da alteração da renda mínima de 10 euros para 25 euros, bem como, qual o impacto sobre os diferentes agrupamentos de bairros.

Claramente, o grupo I, que é o mais numeroso, terá um impacto médio de montante reduzido.

Em contrapartida, o grupo IV terá um acréscimo significativo enquanto o grupo V terá um decréscimo também muito significativo.

Em termos relativos a decisão de estabelecer uma renda mínima de 25 euros tem alguma relevância para o Grupo I, pois a renda média aumenta cerca de 44%, embora em valor absolutos o aumento tenha uma magnitude semelhante a outros grupos. Quando analisamos a questão do ponto de vista do número de famílias que mudam de escalão de variação da renda, o grupo I perde importância na decisão.

Do ponto de vista da receita, a decisão acerca da renda mínima tem um impacto que não pode ser ignorada (receita aumenta cerca de 13%.). A opção por duas rendas mínimas, conforme quadro 14, tem um impacto diminuto na receita (0,37%) não se justificando, a nosso ver, uma solução híbrida. A decisão é certamente política, mas ponderando os prós e contras, a solução de fixar a renda mínima em 10 euros parece ser mais fácil de perceber por parte dos utentes e mais fácil de gerir do ponto de vista da sua implementação. Embora tenha um custo de oportunidade superior a 221 mil euros por ano, este custo de oportunidade, tendo em conta a receita global do sector, não nos parece ser suficientemente importante para se optar por esta solução.

Quadro 16. Aumento no Número e na Percentagem de Famílias com Variação Positiva na Renda (renda mínima de 25 euros em vez de 10 euros)

	Variação no número de famílias com aumento de renda	Aumento percentual no número de famílias com variação positiva na renda
Grupo I	138	1,6%
Grupo II	111	3,9%
Grupo III	58	6,8%
Grupo IV	0	0%
Grupo V	8	1,2%

IV – ANEXOS

A – Quadro sinóptico da situação existente (Departamento Municipal de Habitação da CMP)

B – Receitas dos Bairros Sociais

C – Projecto de Rendas dos Bairros Sociais do Município do Porto

D – Proposta de Deliberação de actualização e ajustamento das Rendas Habitacionais dos Bairros Sociais do Porto

A – QUADRO SINÓPTICO DA SITUAÇÃO EXISTENTE
(Departamento Municipal de Habitação da CMP)

I – SITUAÇÃO EXISTENTE

A) *Quadro normativo aplicável à gestão do Parque Habitacional da Câmara Municipal do Porto*

São basicamente dois os regimes legais que superintendem à ocupação e utilização dos fogos municipais destinados à habitação social:

a) Para os bairros construídos até 1976, vigora *o regime de concessão, mediante uma licença precária de ocupação sob a forma de alvará*, ficando o concessionário sujeito ao pagamento de uma taxa - calculada conforme adiante se refere no ponto B) - e vem especialmente definido no Decreto-Lei n.º 35 106, de 6 de Novembro de 1945, que se mantém em vigor;

b) Nos construídos e distribuídos a partir de Junho de 1976, a atribuição dos fogos faz-se através da celebração de um *contrato de arrendamento social*, pelo qual a Câmara cede o gozo temporário de uma habitação mediante o pagamento de uma renda, de acordo com o que vem estatuído nas Portarias n.ºs 2/78, de 2 de Janeiro (modelos de contratos de arrendamento social), 288/83, de 17 de Março (renda social), e no Decreto Lei n.º 166/93, de 7 de Maio (Renda Apoiada). Contudo, nos Agrupamentos Habitacionais abaixo indicados a sua cedência foi, por decisão superior, efectuada por alvará:

Falcão (2000)
Pasteleira (2001)
Antas (2001)
Ilhéu (2001)
Fontinha (2001)
Viso (2001)

São ainda aplicáveis aos fogos sociais, supletivamente e na medida em que for compatível com a sua índole, as disposições relativas à locação civil contidas no Código Civil e o Regime do Arrendamento Urbano (R.A.U.) aprovado pelo Decreto Lei n.º 321- B/90, de 15 de Outubro (por exemplo, a falta de residência permanente, como fundamento para despejo, conforme art. 64.º n.º1, al. *i)* do R.A.U.).

Existe também o Regulamento Camarário das Sucessões e Coabitações, aprovado em Reunião de Câmara Ordinária de 28 de Julho de 1983, que estabelece as regras da transmissão do alvará ou do arrendamento por morte do concessionário e a quem pode ser autorizada a inscrição e coabitação nos fogos.

Finalmente, vigora a Deliberação da Câmara de 6 de Outubro de 1988, sancionada pela Assembleia Municipal em 13 de Dezembro do mesmo ano, que estendeu aos bairros antigos, ou seja, aos submetidos ao regime de alvará, os escalões de rendimento e a forma de apuramento desse rendimento, previstos na Portaria n.º 288/83, de 17 de Março.

De acordo com esta deliberação, o cálculo das taxas naqueles fogos passou a fazer-se tendo em conta os vencimentos ilíquidos e outras fontes de rendimentos de todos os membros do agregado familiar, com excepção do abono de família, depois de deduzida uma quantia igual a 1/12 do salário mínimo nacional em vigor, por cada filho (art. 6º da Portaria 288/83, de 17 de Março).

Foi também adoptada a renda mínima de 400$00 (2 Euros), estatuída no art. 13.º da mesma Portaria.

B) *Bairros sujeitos ao Regime de Alvará*

Distribuem-se por dois grupos, tendo em conta as diferentes percentagens utilizadas na determinação das taxas a cobrar aos concessionários e definidos na deliberação acima mencionada, a qual definiu ainda os valores máximos (rendas técnicas) por tipo de fogo:

T1	17,46 Euros (3 500$00)
T2	21,45 Euros (4 300$00)
T3	28,43 Euros (5 700$00)
T4	31,92 Euros (6 400$00)

1º GRUPO – é formado pelos seguintes bairros construídos antes e durante o Plano de Melhoramentos:

- Duque de Saldanha – (1940)
- S. João de Deus – (1944- 56- 68)
- S. Vicente de Paulo – (1950- 54)
- Rainha D. Leonor – (1953- 55)
- Condominhas – (1955)
- Bom Sucesso – (1958)
- Pio XII – (1958)
- Carvalhido – (1958)
- Outeiro – (1960- 66)
- Pasteleira – (1960)
- Agra do Amial – (1960)
- Carriçal – (1961)
- Fonte da Moura – (1962)
- Fernão Magalhães – (1962)
- S. Roque da Lameira – (1962)
- Cerco do Porto – (1963)
- Regado – (1964)
- Campinas – (1965)
- Eng.º Machado Vaz – (1966)
- Francos – (1967)
- Aldoar – (1968).

As taxas a aplicar variam entre 2% e 5% do rendimento do agregado conforme vem definido no Quadro seguinte:

Escalões de Rendimento mensal do Agregado familiar para o ano de 2002		Taxas mensais a pagar pelos concessionários	Percentagens
Inferior ao S.M.N.	Até 348 Euros	2 Euros	
Até 1,5 S.M.N.	De 348,1 a 522 Euros	6,96 a 10,44 Euros	2 %
Até 2 S.M.N.	De 522,1 a 696 Euros	14,36 a 19,14 Euros	2,75 %
Até 2,5 S.M.N	De 696,1 a 870 Euros	24,36 a 30,45 Euros	3,5 %
Até 3 S.M.N	De 870,1 a 1044 Euros	Renda Técnica	4, 25%
Até 3,5 S.M.N	Superior a 1044,1 Euros	Renda Técnica	5 %

2º GRUPO – Fazem parte os Bairros que foram construídos após o Plano de Melhoramentos até 1976:

- Monte da Bela – (1970)
- Dr. Nuno Pinheiro Torres – (1970)
- Falcão – (1972)
- Lagarteiro (Antigo) – (1972)
- Bom Pastor – (1974)
- Aleixo – (1976)
- Lordelo – (1976)
- Contumil – (1976)
- S. João de Deus – (blocos 7 e 8)

O cálculo das taxas é feito à semelhança dos bairros que constituem o 1º grupo, apenas variando a percentagem entre 2% e 6,5 %.

Escalões de Rendimento mensal do agregado familiar para o ano de 2002		Taxas mensais a pagar pelos concessionários	Percentagens
Inferior ao S.M.N.	Inferior a 348 Euros	2 Euros	
Até 1,5 S.M.N.	De 348,1 a 522 Euros	6,96 a 10,44 Euros	2%
Até 2 S.M.N.	De 522,1 a 696 Euros	18,27 a 24,36 Euros	3,5 %
Até 2,5 S. M.N.	De 696,1 a 870 Euros	Renda Técnica	5 %
Até 3 S.M.N.	De 870,1 a 1044 Euros	Renda Técnica	6,5%

C) *Bairros sujeitos ao Regime de Arrendamento Social*

Distribuem-se também por dois grupos, definidos em função da sujeição ao Regime da Renda Social estabelecido na Portaria n.º 288/83, de 17 de Março, ou ao Regime da Renda Apoiada, instituído pelo Decreto-Lei n.º 166/93, de 7 de Maio.

Não existem aqui rendas máximas ou técnicas uniformes para todos os bairros, ao contrário do que sucede nos regidos por alvará, havendo diferentes rendas técnicas dentro de cada bairro em resultado destas poderem ser actualizadas de acordo com critérios distintos, consoante se trate de Renda Social ou Renda Apoiada.

1.º GRUPO – Formado pelos construídos a partir de 1976 e distribuídos até à entrada em vigor do regime da renda apoiada, e aos quais se aplica a citada Portaria n.º 288/83 (Renda Social):

– Bessa Leite (1982)
– Vale Formoso (1982)
– Mouteira (1988)
– Cerco do Porto – ampliação (1991)
– Contumil – ampliação (1981)
– Lagarteiro – ampliação (1977)
– Falcão – ampliação (1981)
– Central de Francos (1981)
– Ramalde (1979)
– Areias (1988)
– Cruzes – pré-fabricados (1980)

E pelas *caves* existentes nos bairros de
– Contumil
– Falcão
– Lagarteiro (ampliação)
– Dr. Nuno Pinheiro Torres (Blocos 5 e 6)
– Lordelo (Bloco 15)
– Monte da Bela
– Bom Pastor

As rendas são calculadas da mesma forma que os anteriores, variando a percentagem a aplicar entre 10% e 25% do rendimento do agregado familiar, depois de deduzir 1/12 S. M. N. por cada filho menor.

Escalões do rendimento Mensal do Agregado familiar para o ano de 2002		Taxas mensais a pagar pelos concessionários
Inferior a 1 S.M.N.	348 Euros	10%
Até 1,5 S. M.N.	De 348,1 a 522 Euros	13%
Até 2 S. M.N.	De 522 a 696 Euros	17%
Até 2,5 S. M.N.	De 696,1 a 870 Euros	21%
Até 3 S.M.N.	De 870,1 a 1.044 Euros	25%
Até 3,5 S. M.N.	Superior a 1.044,1 Euros	Renda Técnica

2º GRUPO – Compreende todos os Bairros distribuídos a partir da entrada em vigor do *Decreto-Lei n.º 166/93, de 7 de Maio* (Renda Apoiada)

– Urbanização de Santa Luzia – (1994/95)
– Urbanização das Condominhas – (1998)
– Agrupamento Habitacional dos Choupos – (1998)
– Agrupamento Habitacional do Falcão – (2000)
– Agrupamento Habitacional da Pasteleira – (2001)
– Agrupamento Habitacional do Viso – (2001)
– Agrupamento Habitacional da Fontinha – (2001)
– Agrupamento Habitacional do Ilhéu – (2001)
– Agrupamento Habitacional das Antas – (2001)

D) *Outras Situações*

a) Agrupamento Habitacional de Santa Luzia que foi distribuído e vendido, precedendo concurso público realizado em 1981, no regime de propriedade resolúvel, cuja especificidade reside na possibilidade de, na pendência da condição resolutiva (não pagamento das prestações), o direito de propriedade do morador-adquirente poder ser resolvido, com efeitos retroactivos, voltando o fogo à propriedade e posse da Câmara. Com o pagamento da última das 300 prestações o morador adquire a propriedade plena da casa em que habita.

b) Agrupamento Habitacional de Bessa Leite (blocos 2, 3 e 4), vendido, precedendo concurso, em 300 prestações, mas em que o comprador só adquire a propriedade com o pagamento da última prestação, após a qual se realizará a escritura definitiva de compra e venda.

E) *Observação*

O regime de renda apoiada vem sendo aplicado aos bairros distribuídos após a publicação do diploma legal que o instituiu (Decreto-Lei n.º 166/93, de 7/5). Contudo, embora prevista a actualização anual das rendas, até à data só o têm sido os fogos pertencentes às Urbanizações das Condominhas e dos Choupos.

II – ACTUALIZAÇÃO DAS *RENDAS* MÁXIMAS DOS BAIRROS ANTIGOS (ALVARÁ)

Como acima se expendeu, a Câmara Municipal do Porto deliberou em 1988, aplicar a estes bairros os escalões de rendimentos previstos na Portaria n.º 288/83, de 17 de Março, que até então só se aplicavam aos fogos titulados por contrato de arrendamento social.

Pela mesma deliberação foram reajustados e definidos para aqueles bairros os seguintes valores máximos por tipo de fogo:

T1	17,46 Euros (3500$00)
T2	21,45 Euros (4300$00)
T3	28,43 Euros (5700$00)
T4	31,92 Euros (6400$00)

Estes valores estão ainda em vigor, mostrando-se desajustados face aos agrupamentos habitacionais em regime de arrendamento social que prevêem mecanismos de actualização das Rendas Técnicas, como é o caso, dos que são regidos pela Portaria acima citada.

Na verdade, o art. 2.º deste diploma prevê, para o efeito, a fixação anual, por despacho governamental, de um valor médio de renda uniforme por metro quadrado de área bruta dos fogos.

Porém, tal fixação não veio a ser anual. A primeira data 3/01/1984, foi fixada em 150$00. Seguiu-se-lhe, em 15/04/1988, o valor de 200$00, e a partir de 1995 passou para 280$00.

Este valor destinava-se a servir para cálculo da Renda Técnica em todas as novas atribuições, mudanças de titularidade, transferências ou permutas, resultando a nova Renda Técnica da operação da sua multiplicação pela área bruta do fogo.

É isto que tem vindo a ser feito pelos Serviços para os Bairros de arrendamento regulado pela referida Portaria n.º 288/83.

B – RECEITAS DOS BAIRROS SOCIAIS

Movimento de rendas entre os anos de 1992 e 1997

	1992 N.º	1992 Valor	1993 N.º	1993 Valor	1994 N.º	1994 Valor	1995 N.º	1995 Valor
Rendas emitidas	150.097	2.239.618,33 €	153.362	2.636.396,43 €	156.221	2.896.093,94 €	153.822	3.323.709,95 €
Rendas pagas	143.048	2.123.451,25 €	145.624	2.498.983,27 €	147.638	2.745.974,15 €	145.087	3.161.363,89 €
Rendas enviadas p/ cobrança coerciva	7.049	116.167,08 €	7.738	137.413,16 €	8.583	150.119,79 €	8.735	162.346,06 €
Totais	150.097	2.239.618,33 €	153.362	2.636.396,43 €	156.221	2.896.093,94 €	153.822	3.323.709,95 €

	1996 N.º	1996 Valor	1997 N.º	1997 Valor
Rendas emitidas	152.639	3.590.705,03 €	152.777	3.849.517,41 €
Rendas pagas	143.003	3.398.523,43 €	141.742	3.621.020,04 €
Rendas enviadas p/ cobrança coerciva	9.636	192.181,59 €	11.035	228.497,37 €
Totais	152.639	3.590.705,02 €	152.777	3.849.517,41 €

Legenda:
  Rendas emitidas – compreende toda a emissão de rendas de habitação a pagar por aviso/recibo;
  Rendas pagas – compreende todas as rendas pagas por aviso/recibo;
  Rendas enviadas para cobrança coerciva – compreende todas as rendas que não foram pagas nos prazos normais e por tal transitaram para cobrança coerciva pela entidade competente.

Notas:
  Foram excluídas as prestações de amortização dos fogos dos **Agrupamentos Habitacionais de Santa Luzia** e de **Bessa Leite**, por se destinarem a venda.
  As variações anuais das rendas, verificadas em n.º e valor, devem-se à construção de novos agrupamentos habitacionais e/ou demolição de fogos, aos movimentos habitacionais, e a factores de natureza administrativa tais como actualizações de rendas, etc.

Movimento de rendas entre os anos de 1998 e 2002 (1º semestre)

	1998		1999		2000		2001(a)	
	N.º	Valor	N.º	Valor	N.º	Valor	N.º	Valor
Rendas emitidas	153.132	3.946.075,64 €	152.644	4.099.210,67 €	153.709	4.242.085,77 €	154.810	4.359.152,29 €
Rendas pagas	142.800	3.723.838,65 €	143.451	3.904.593,31 €	144.769	4.052.510,67 €	145.865	4.159.335,39 €
Rendas enviadas p/ cobrança coerciva	10.332	222.236,99 €	9.193	194.617,36 €	8.940	189.575,10 €	8.945	199.816,90 €
Totais	153.132	3.946.075,64 €	152.644	4.099.210,67 €	153.709	4.242.085,77 €	154.810	4.359.152,29 €

	2002 (b)	
	N.º	Valor
Rendas emitidas	78.678	2.359.003,10 €
Rendas pagas	74.043	2.245.040,69 €
Rendas enviadas p/ cobrança coerciva	4.635	113.962,41 €
Totais	78.678	2.359.003,10 €

(a) – Não foram incluídos os "fogos do património". A administração destes fogos transitou para este departamento em Fevereiro/2000. Os dados relativos aos mesmos encontram-se nos mapas dos movimentos por bairros.

(b) – Movimentos relativos ao 1º Semestre.

Legenda:

Rendas emitidas – compreende toda a emissão de rendas de habitação a pagar por aviso/recibo;

Rendas pagas – compreende todas as rendas pagas por aviso/recibo;

Rendas enviadas para cobrança coerciva – compreende todas as rendas que não foram pagas nos prazos normais e por tal transitaram para cobrança coerciva pela entidade competente.

Notas:

Foram excluídas as prestações de amortização dos fogos dos **Agrupamentos Habitacionais de Santa Luzia e de Bessa Leite**, por se destinarem a venda.

As variações anuais das rendas, verificadas em n.º e valor, devem-se à construção de novos agrupamentos habitacionais e/ou demolição de fogos, aos movimentos habitacionais, e a factores de natureza administrativa tais como actualizações de rendas, etc.

Movimento de rendas de 2000 por bairro

Cód.	Bairro	Rendas emitidas N.º	Rendas emitidas Valor	Rendas cobradas N.º	Rendas cobradas Valor	Rendas env. cobrança coerciva N.º	Rendas env. cobrança coerciva Valor	Totais N.º	Totais Valor
1	BLOCO DUQUE DE SALDANHA (a)	1.401	18.063,10 €	1.381	17.700,93 €	20	362,17 €	1.401	18.063,10 €
2	BAIRRO S. JOAO DE DEUS (a)	4.973	47.052,38 €	4.161	39.427,29 €	812	7.625,09 €	4.973	47.052,38 €
3	BAIRRO S. VICENTE DE PAULO (a)	2.437	27.552,60 €	2.246	24.700,18 €	191	2.852,42 €	2.437	27.552,60 €
4	BAIRRO DA RAINHA D. LEONOR (a)	2.887	58.530,19 €	2.699	54.871,64 €	188	3.658,55 €	2.887	58.530,19 €
5	BAIRRO DAS CONDOMINHAS (a)	294	1.824,28 €	277	1.753,13 €	17	71,15 €	294	1.824,28 €
10	BAIRRO DE ALDOAR (a)	4.668	94.096,44 €	4.164	85.155,31 €	504	8.941,13 €	4.668	94.096,44 €
11	BAIRRO DA AGRA DO AMIAL (a)	2.372	46.358,56 €	2.309	44.971,83 €	63	1.386,73 €	2.372	46.358,56 €
12	BAIRRO DO BOM SUCESSO (a)	1.773	36.598,08 €	1.744	36.008,12 €	29	589,96 €	1.773	36.598,08 €
13	BAIRRO DAS CAMPINAS (a)	11.294	189.875,58 €	10.710	181.891,00 €	584	7.984,58 €	11.294	189.875,58 €
14	BAIRRO DE FRANCOS (a)	6.148	113.578,14 €	5.846	108.408,85 €	302	5.169,29 €	6.148	113.578,14 €
15	BAIRRO DO CARRICAL (a)	3.221	52.188,56 €	3.058	49.651,88 €	163	2.536,68 €	3.221	52.188,56 €
16	BAIRRO DO CARVALHIDO (a)	3.505	66.590,20 €	3.343	64.107,31 €	162	2.482,89 €	3.505	66.590,20 €
17	BAIRRO DO CERCO DO PORTO (a)	9.386	172.321,06 €	8.621	158.729,93 €	765	13.591,13 €	9.386	172.321,06 €
18	BAIRRO DE FERNAO MAGALHAES (a)	4.231	83.492,86 €	4.166	82.197,13 €	65	1.295,73 €	4.231	83.492,86 €
19	BAIRRO DA FONTE DA MOURA (a)	8.133	161.375,74 €	7.667	152.313,88 €	466	9.061,86 €	8.133	161.375,74 €
20	BAIRRO DO ENG. MACHADO VAZ (a)	3.195	54.650,88 €	3.022	52.234,52 €	173	2.416,36 €	3.195	54.650,88 €
21	BAIRRO DO OUTEIRO (a)	5.231	96.525,91 €	5.056	93.451,38 €	175	3.074,53 €	5.231	96.525,91 €
22	BAIRRO DA PASTELEIRA (a)	7.836	152.865,75 €	7.378	145.455,86 €	458	7.409,89 €	7.836	152.865,75 €

Movimento de rendas de 2000 por bairro (Continuação)

23	BAIRRO PIO XII (a)	1.437	31.230,73 €	1.405	30.634,09 €	32	596,64 €	1.437	31.230,73 €
24	BAIRRO DO REGADO (a)	8.331	125.665,76 €	7.991	120.456,35 €	340	5.209,41 €	8.331	125.665,76 €
25	BAIRRO S. ROQUE DA LAMEIRA (a)	5.106	98.766,89 €	4.788	92.205,67 €	318	6.561,22 €	5.106	98.766,89 €
30	BAIRRO DO ALEIXO (a)	3.768	78.428,45 €	3.392	71.783,34 €	376	6.645,11 €	3.768	78.428,45 €
31	BAIRRO DO BOM PASTOR (a)	3.286	74.351,51 €	3.177	71.991,14 €	109	2.360,37 €	3.286	74.351,51 €
32	BAIRRO DE CONTUMIL (a)	3.060	78.180,30 €	2.912	73.632,05 €	148	4.548,25 €	3.060	78.180,30 €
33	BAIRRO DO FALCAO (a)	5.090	138.019,12 €	4.871	132.613,35 €	219	5.405,77 €	5.090	138.019,12 €
34	BAIRRO DO LAGARTEIRO (a)	5.338	110.025,05 €	4.743	94.685,25 €	595	15.339,80 €	5.338	110.025,05 €
35	BAIRRO DE LORDELO (a)	2.149	51.612,53 €	2.043	49.396,27 €	106	2.216,26 €	2.149	51.612,53 €
36	BAIRRO DO MONTE DA BELA (a)	3.191	65.100,96 €	3.077	62.594,86 €	114	2.506,10 €	3.191	65.100,96 €
37	BAIRRO DO DR. NUNO PINHEIRO TORRES (a)	5.379	101.050,72 €	4.975	93.711,87 €	404	7.338,85 €	5.379	101.050,72 €
40	BAIRRO DE BESSA LEITE (arrendamento) (b)	96	8.092,50 €	70	6.226,64 €	26	1.865,86 €	96	8.092,50 €
41	BAIRRO CENTRAL DE FRANCOS (a)	1.372	59.124,44 €	1.328	57.755,96 €	44	1.368,48 €	1.372	59.124,44 €
42	BAIRRO DE RAMALDE (b)	4.354	123.968,40 €	3.917	105.947,05 €	437	18.021,35 €	4.354	123.968,40 €
43	BAIRRO DO VALE FORMOSO (b)	790	33.081,76 €	779	32.694,42 €	11	387,34 €	790	33.081,76 €
44	BAIRRO DA MOUTEIRA (b)	5.847	326.465,25 €	5.578	310.006,33 €	269	16.458,92 €	5.847	326.465,25 €
50	PRE-FABRICADAS DA AREIAS (a)	183	1.578,86 €	157	1.348,73 €	26	230,13 €	183	1.578,86 €
51	PRE-FABRICADAS DAS CRUZES (a)	466	5.366,64 €	441	5.094,00 €	25	272,64 €	466	5.366,64 €
71	URBANIZACAO DE SANTA LUZIA (b)	7.582	902.332,03 €	7.564	900.178,03 €	18	2.154,00 €	7.582	902.332,03 €
72	URBAN. FACULDADE ENGENHARIA (a)	420	1.017,48 €	365	853,12 €	55	164,36 €	420	1.017,48 €
80	BAIRRO DO CERCO DO PORTO - NOVO	1.538	86.984,40 €	1.423	78.596,71 €	115	8.387,69 €	1.538	86.984,40 €

Movimento de rendas de 2000 por bairro (Continuação)

81	AGRUP. HABIT. CONDOMINHAS (a)	954	164.895,60 €	952	164.554,42 €	2	341,18 €	954	164.895,60 €
83	GRUPO DE MORAD. POPUL. DOS CHOUPOS (b)	270	42.928,20 €	269	42.779,95 €	1	148,25 €	270	42.928,20 €
84	AGRUP. HABITACIONAL DO FALCÃO (a)	717	60.277,88 €	704	59.740,90 €	13	536,98 €	717	60.277,88 €
	Totais - Fogos de Bairros Municipais	153.709	4.242.085,77 €	144.769	4.052.510,67 €	8.940	189.575,10 €	153.709	4.242.085,77 €
90	PATRIMONIO - ZONA POSTAL 4000 (c)	2.465	21.240,13 €	2.268	19.777,24 €	197	1.462,89 €	2.465	21.240,13 €
91	PATRIMONIO CRUARB -ZONA POSTAL 4050 (c)	3.970	132.136,68 €	3.628	118.085,49 €	342	14.051,19 €	3.970	132.136,68 €
92	PATRIMONIO - ZONA POSTAL 4050 (c)	1.079	7.800,71 €	1.013	6.977,16 €	66	823,55 €	1.079	7.800,71 €
93	PATRIMONIO - ZONA POSTAL 4100 (c)	251	1.294,22 €	226	1.159,64 €	25	134,58 €	251	1.294,22 €
94	PATRIMONIO - ZONA POSTAL 4150 (c)	657	4.954,50 €	620	4.814,12 €	37	140,38 €	657	4.954,50 €
95	PATRIMONIO - ZONA POSTAL 4200 (c)	232	3.769,49 €	211	3.595,65 €	21	173,84 €	232	3.769,49 €
96	PATRIMONIO - ZONA POSTAL 4250 (c)	239	2.336,57 €	223	2.281,25 €	16	55,32 €	239	2.336,57 €
97	PATRIMONIO - ZONA POSTAL 4300 (c)	481	3.548,41 €	462	3.277,38 €	19	271,03 €	481	3.548,41 €
98	PATRIMONIO - ZONA POSTAL 4350 (c)	75	741,38 €	73	734,40 €	2	6,98 €	75	741,38 €
	Totais - "Fogos do Património"	9.449	177.822,09 €	8.724	160.702,33 €	725	17.119,76 €	9.449	177.822,09 €
	Totais gerais	163.158	4.419.907,86 €	153.493	4.213.213,00 €	9.665	206.694,86 €	163.158	4.419.907,86 €

Tipo de concessão: (a) Alvará. (b) Contrato de arrendamento. (c) Não definido.

Movimento de rendas de 2001 por bairro

Cód.	Bairro	Rendas emitidas N.º	Rendas emitidas Valor	Rendas cobradas N.º	Rendas cobradas Valor	Rendas env. cobrança coerciva N.º	Rendas env. cobrança coerciva Valor	Totais N.º	Totais Valor
1	BLOCO DUQUE DE SALDANHA (a)	1.427	18.399,37 €	1.387	17.785,79 €	40	613,58 €	1.427	18.399,37 €
2	BAIRRO S. JOAO DE DEUS (a)	4.933	47.013,87 €	4.158	39.353,68 €	775	7.660,19 €	4.933	47.013,87 €
3	BAIRRO S. VICENTE DE PAULO (a)	2.438	27.046,66 €	2.268	24.757,51 €	170	2.289,15 €	2.438	27.046,66 €
4	BAIRRO DA RAINHA D. LEONOR (a)	2.842	57.146,69 €	2.657	53.390,42 €	185	3.756,27 €	2.842	57.146,69 €
5	BAIRRO DAS CONDOMINHAS (a)	279	1.762,92 €	263	1.723,75 €	16	39,17 €	279	1.762,92 €
10	BAIRRO DE ALDOAR (a)	4.688	91.750,75 €	4.192	83.228,99 €	496	8.521,76 €	4.688	91.750,75 €
11	BAIRRO DA AGRA DO AMIAL (a)	2.407	45.201,94 €	2.355	44.185,33 €	52	1.016,61 €	2.407	45.201,94 €
12	BAIRRO DO BOM SUCESSO (a)	1.775	36.912,18 €	1.751	36.399,29 €	24	512,89 €	1.775	36.912,18 €
13	BAIRRO DAS CAMPINAS (a)	11.313	188.162,88 €	10.744	180.433,08 €	569	7.729,80 €	11.313	188.162,88 €
14	BAIRRO DE FRANCOS (a)	6.126	113.032,83 €	5.795	108.086,75 €	331	4.946,08 €	6.126	113.032,83 €
15	BAIRRO DO CARRICAL (a)	3.233	51.519,96 €	3.069	49.267,28 €	164	2.252,68 €	3.233	51.519,96 €
16	BAIRRO DO CARVALHIDO (a)	3.507	65.574,43 €	3.352	63.143,86 €	155	2.430,57 €	3.507	65.574,43 €
17	BAIRRO DO CERCO DO PORTO (a)	9.259	166.231,86 €	8.492	152.883,88 €	767	13.347,98 €	9.259	166.231,86 €
18	BAIRRO DE FERNAO MAGALHAES (a)	4.289	83.843,77 €	4.233	82.807,46 €	56	1.036,31 €	4.289	83.843,77 €
19	BAIRRO DA FONTE DA MOURA (a)	8.174	159.858,81 €	7.697	151.069,99 €	477	8.788,82 €	8.174	159.858,81 €
20	BAIRRO DO ENG. MACHADO VAZ (a)	3.223	54.442,74 €	3.061	52.005,69 €	162	2.437,05 €	3.223	54.442,74 €
21	BAIRRO DO OUTEIRO (a)	5.196	94.837,32 €	5.006	92.143,10 €	190	2.694,22 €	5.196	94.837,32 €
22	BAIRRO DA PASTELEIRA (a)	7.795	151.780,94 €	7.269	143.262,31 €	526	8.518,63 €	7.795	151.780,94 €
23	BAIRRO PIO XII (a)	1.438	31.138,77 €	1.384	30.033,41 €	54	1.105,36 €	1.438	31.138,77 €
24	BAIRRO DO REGADO (a)	8.400	124.148,23 €	8.013	118.807,56 €	387	5.340,67 €	8.400	124.148,23 €
25	BAIRRO S. ROQUE DA LAMEIRA (a)	5.096	95.315,52 €	4.814	89.564,42 €	282	5.751,10 €	5.096	95.315,52 €

Movimento de rendas de 2001 por bairro (Continuação)

30	BAIRRO DO ALEIXO (a)	3.795	79.118,76 €	3.435	73.011,17 €	360	6.107,59 €	3.795	79.118,76 €
31	BAIRRO DO BOM PASTOR (a)	3.282	74.286,51 €	3.195	72.499,40 €	87	1.787,11 €	3.282	74.286,51 €
32	BAIRRO DE CONTUMIL (a)	3.066	78.617,50 €	2.941	75.301,74 €	125	3.315,76 €	3.066	78.617,50 €
33	BAIRRO DO FALCAO (a)	5.097	138.364,93 €	4.881	132.638,14 €	216	5.726,79 €	5.097	138.364,93 €
34	BAIRRO DO LAGARTEIRO (a)	5.399	112.239,68 €	4.829	97.773,03 €	570	14.466,65 €	5.399	112.239,68 €
35	BAIRRO DE LORDELO (a)	2.160	51.757,74 €	2.062	49.590,99 €	98	2.166,75 €	2.160	51.757,74 €
36	BAIRRO DO MONTE DA BELA (a)	3.197	64.970,00 €	3.057	61.690,34 €	140	3.279,66 €	3.197	64.970,00 €
37	BAIRRO DO DR. NUNO PINHEIRO TORRES (a)	5.379	100.420,70 €	5.057	94.213,58 €	322	6.207,12 €	5.379	100.420,70 €
40	BAIRRO DE BESSA LEITE (arrendamento) (b)	96	8.196,00 €	68	6.060,68 €	28	2.135,32 €	96	8.196,00 €
41	BAIRRO CENTRAL DE FRANCOS (a)	608	22.169,40 €	567	20.842,79 €	41	1.326,61 €	608	22.169,40 €
42	BAIRRO DE RAMALDE (b)	4.417	127.431,16 €	4.077	112.357,99 €	340	15.073,17 €	4.417	127.431,16 €
43	BAIRRO DO VALE FORMOSO (b)	792	33.827,24 €	781	33.434,51 €	11	392,73 €	792	33.827,24 €
44	BAIRRO DA MOUTEIRA (b)	5.896	331.488,92 €	5.519	310.242,66 €	377	21.246,26 €	5.896	331.488,92 €
50	PRE-FABRICADAS DA AREIAS (a)	146	1.264,01 €	132	1.125,23 €	14	138,78 €	146	1.264,01 €
51	PRE-FABRICADAS DAS CRUZES (a)	468	5.396,14 €	439	5.097,95 €	29	298,19 €	468	5.396,14 €
71	URBANIZACAO DE SANTA LUZIA (b)	7.601	905.809,96 €	7.524	896.594,65 €	77	9.215,31 €	7.601	905.809,96 €
72	URBAN. FACULDADE ENGENHARIA (a)	414	1.005,48 €	371	878,71 €	43	126,77 €	414	1.005,48 €
80	BAIRRO DO CERCO DO PORTO - NOVO (b)	1.520	87.699,87 €	1.446	82.073,24 €	74	5.626,63 €	1.520	87.699,87 €
81	AGRUP. HABIT. CONDOMINHAS (a)	968	170.633,42 €	958	169.342,08 €	10	1.291,34 €	968	170.633,42 €
82	AGRUP. HABITACIONAL PASTELEIRA (a)	267	26.306,51 €	261	25.721,71 €	6	584,80 €	267	26.306,51 €
83	GRUPO DE MORAD. POPUL. DOS CHOUPOS (b)	276	44.800,65 €	270	43.889,81 €	6	910,84 €	276	44.800,65 €

Movimento de rendas de 2001 por bairro (Continuação)

84	AGRUP. HABITACIONAL DO FALCÃO (a)	1.979	170.465,41 €	1.890	163.231,34 €	89	7.234,07 €	1.979	170.465,41 €
85	AGRUP. HABITACIONAL VISO (a)	149	17.759,86 €	145	17.390,10 €	4	369,76 €	149	17.759,86 €
	Totais - Fogos de Bairros Municipais	154.810	4.359.152,29 €	145.865	4.159.335,39 €	8.945	199.816,90 €	154.810	4.359.152,29 €
90	PATRIMONIO - ZONA POSTAL 4000 (c)	2.591	23.047,09 €	2.365	21.397,04 €	226	1.650,05 €	2.591	23.047,09 €
91	PATRIMONIO CRUARB -ZONA POSTAL 4050 (c)	4.399	158.950,82 €	3.983	140.493,70 €	416	18.457,12 €	4.399	158.950,82 €
92	PATRIMONIO - ZONA POSTAL 4050 (c)	1.165	8.553,79 €	1.092	7.724,97 €	73	828,82 €	1.165	8.553,79 €
93	PATRIMONIO - ZONA POSTAL 4100 (c)	880	6.478,53 €	851	6.324,44 €	29	154,09 €	880	6.478,53 €
94	PATRIMONIO - ZONA POSTAL 4150 (c)	680	6.295,18 €	645	6.036,49 €	35	258,69 €	680	6.295,18 €
95	PATRIMONIO - ZONA POSTAL 4200 (c)	225	4.093,44 €	200	3.900,88 €	25	192,56 €	225	4.093,44 €
96	PATRIMONIO - ZONA POSTAL 4250 (c)	212	2.258,51 €	200	2.228,63 €	12	29,88 €	212	2.258,51 €
97	PATRIMONIO - ZONA POSTAL 4300 (c)	473	3.212,34 €	449	3.019,99 €	24	192,35 €	473	3.212,34 €
98	PATRIMONIO - ZONA POSTAL 4350 (c)	64	445,08 €	62	429,46 €	2	15,62 €	64	445,08 €
	Totais - "fogos do Património"	10.689	213.334,78 €	9.847	191.555,60 €	842	21.779,18 €	10.689	213.334,78 €
	Totais gerais	165.499	4.572.487,07 €	155.712	4.350.890,99 €	9.787	221.596,08 €	165.499	4.572.487,07 €

Tipo de concessão: (a) Alvará. (b) Contrato de arrendamento. (c) Não definido.

Movimento de rendas de 2002 por bairro

Cód.	Bairro	Rendas emitidas N.º	Rendas emitidas Valor	Rendas cobradas N.º	Rendas cobradas Valor	Rendas env. cobrança coerciva N.º	Rendas env. cobrança coerciva Valor	Totais N.º	Totais Valor
1	BLOCO DUQUE DE SALDANHA (a)	702	9.034,16 €	676	8.774,67 €	26	259,49 €	702	9.034,16 €
2	BAIRRO S. JOAO DE DEUS (a)	2.458	23.324,09 €	2.058	19.623,00 €	400	3.701,09 €	2.458	23.324,09 €
3	BAIRRO S. VICENTE DE PAULO (a)	1.194	13.084,06 €	1.109	11.898,80 €	85	1.185,26 €	1.194	13.084,06 €
4	BAIRRO DA RAINHA D. LEONOR (a)	1.201	24.173,14 €	1.127	22.704,34 €	74	1.468,80 €	1.201	24.173,14 €
5	BAIRRO DAS CONDOMINHAS (a)	127	825,54 €	118	807,54 €	9	18,00 €	127	825,54 €
10	BAIRRO DE ALDOAR (a)	2.320	44.176,45 €	2.108	40.681,52 €	212	3.494,93 €	2.320	44.176,45 €
11	BAIRRO DA AGRA DO AMIAL (a)	1.204	22.298,93 €	1.174	21.627,39 €	30	671,54 €	1.204	22.298,93 €
12	BAIRRO DO BOM SUCESSO (a)	882	18.273,44 €	866	17.938,81 €	16	334,63 €	882	18.273,44 €
13	BAIRRO DAS CAMPINAS (a)	5.672	93.481,71 €	5.408	90.193,49 €	264	3.288,22 €	5.672	93.481,71 €
14	BAIRRO DE FRANCOS (a)	3.048	55.790,72 €	2.887	53.359,61 €	161	2.431,11 €	3.048	55.790,72 €
15	BAIRRO DO CARRICAL (a)	1.596	25.000,75 €	1.535	24.168,91 €	61	831,84 €	1.596	25.000,75 €
16	BAIRRO DO CARVALHIDO (a)	1.740	32.196,88 €	1.664	31.029,34 €	76	1.167,54 €	1.740	32.196,88 €
17	BAIRRO DO CERCO DO PORTO (a)	4.544	80.442,64 €	4.181	74.492,87 €	363	5.949,77 €	4.544	80.442,64 €
18	BAIRRO DE FERNAO MAGALHAES (a)	2.139	41.371,66 €	2.119	40.904,09 €	20	467,57 €	2.139	41.371,66 €
19	BAIRRO DA FONTE DA MOURA (a)	4.081	78.601,56 €	3.847	74.732,01 €	234	3.869,55 €	4.081	78.601,56 €
20	BAIRRO DO ENG. MACHADO VAZ (a)	1.634	27.398,53 €	1.535	25.979,85 €	99	1.418,68 €	1.634	27.398,53 €
21	BAIRRO DO OUTEIRO (a)	2.577	46.799,22 €	2.480	45.464,53 €	97	1.334,69 €	2.577	46.799,22 €

Movimento de rendas de 2002 por bairro (Continuação)

22	BAIRRO DA PASTELEIRA (a)	3.831	74.392,43 €	3.547	69.937,64 €	284	4.454,79 €	3.831	74.392,43 €
23	BAIRRO PIO XII (a)	720	15.585,24 €	687	14.885,69 €	33	699,55 €	720	15.585,24 €
24	BAIRRO DO REGADO (a)	4.165	60.500,14 €	3.959	58.101,52 €	206	2.398,62 €	4.165	60.500,14 €
25	BAIRRO S. ROQUE DA LAMEIRA (a)	2.554	46.939,65 €	2.425	44.396,45 €	129	2.543,20 €	2.554	46.939,65 €
30	BAIRRO DO ALEIXO (a)	1.893	38.931,80 €	1.690	35.686,72 €	203	3.245,08 €	1.893	38.931,80 €
31	BAIRRO DO BOM PASTOR (a)	1.633	36.870,61 €	1.574	35.681,34 €	59	1.189,27 €	1.633	36.870,61 €
32	BAIRRO DE CONTUMIL (a)	1.527	39.828,55 €	1.466	37.733,24 €	61	2.095,31 €	1.527	39.828,55 €
33	BAIRRO DO FALCAO (a)	2.550	69.904,75 €	2.418	66.631,15 €	132	3.273,60 €	2.550	69.904,75 €
34	BAIRRO DO LAGARTEIRO (a)	2.719	56.372,12 €	2.429	49.507,39 €	290	6.864,73 €	2.719	56.372,12 €
35	BAIRRO DE LORDELO (a)	1.067	25.665,90 €	1.018	24.659,04 €	49	1.006,86 €	1.067	25.665,90 €
36	BAIRRO DO MONTE DA BELA (a)	1.580	31.940,78 €	1.507	30.342,28 €	73	1.598,50 €	1.580	31.940,78 €
37	BAIRRO DO DR. NUNO PINHEIRO TORRES (a)	2.649	54.736,68 €	2.492	51.854,22 €	157	2.882,46 €	2.649	54.736,68 €
40	BAIRRO DE BESSA LEITE (arrendamento) (b)	48	3.991,48 €	32	2.831,04 €	16	1.160,44 €	48	3.991,48 €
41	BAIRRO CENTRAL DE FRANCOS (a)	229	7.888,52 €	224	7.758,29 €	5	130,23 €	229	7.888,52 €
42	BAIRRO DE RAMALDE (b)	2.212	63.956,59 €	2.052	57.677,77 €	160	6.278,82 €	2.212	63.956,59 €
43	BAIRRO DO VALE FORMOSO (b)	393	17.081,89 €	386	16.840,69 €	7	241,20 €	393	17.081,89 €
44	BAIRRO DA MOUTEIRA (b)	2.931	163.741,46 €	2.753	153.397,11 €	178	10.344,35 €	2.931	163.741,46 €
50	PRE-FABRICADAS DA AREIAS (a)	65	963,12 €	56	866,04 €	9	97,08 €	65	963,12 €
51	PRE-FABRICADAS DAS CRUZES (a)	231	2.693,64 €	211	2.497,66 €	20	195,98 €	231	2.693,64 €
71	URBANIZACAO DE SANTA LUZIA	3.783	451.377,50 €	3.694	440.182,23 €	89	11.195,27 €	3.783	451.377,50 €
72	URBAN. FACULDADE ENGENHARIA (a)	204	496,74 €	183	445,68 €	21	51,06 €	204	496,74 €

Movimento de rendas de 2002 por bairro (Continuação)

80	BAIRRO DO CERCO DO PORTO - NOVO (b)	749	43.378,30 €	695	39.698,72 €	54	3.679,58 €	749	43.378,30 €
81	AGRUP. HABIT. CONDOMINHAS (a)	485	87.405,64 €	479	86.588,00 €	6	817,64 €	485	87.405,64 €
82	AGRUP. HABITACIONAL PASTELEIRA	1.028	84.788,13 €	979	80.486,61 €	49	4.301,52 €	1.028	84.788,13 €
83	GRUPO DE MORAD. POPUL. DOS CHOUPOS (b)	135	21.984,39 €	132	21.529,86 €	3	454,53 €	135	21.984,39 €
84	AGRUP. HABITACIONAL DO FALCÃO (a)	1.011	82.720,08 €	946	76.527,82 €	65	6.192,26 €	1.011	82.720,08 €
85	AGRUP. HABITACIONAL VISO (a)	495	45.320,87 €	469	43.354,51 €	26	1.966,36 €	495	45.320,87 €
86	AGRUP. HABITACIONAL DA FONTINHA (a)	100	6.479,27 €	93	5.376,14 €	7	1.103,13 €	100	6.479,27 €
87	AGRUPAMENTO HABITACIONAL ANTAS (a)	361	70.138,18 €	348	69.126,22 €	13	1.011,96 €	361	70.138,18 €
88	AGRUPAMENTO HABITACIONAL ILHÉU (a)	211	16.655,17 €	207	16.058,85 €	4	596,32 €	211	16.655,17 €
	Totais - Fogos de Bairros Municipais	78.678	2.359.003,10 €	74.043	2.245.040,69 €	4.635	113.962,41 €	78.678	2.359.003,10 €
90	PATRIMONIO - ZONA POSTAL 4000 (c)	1.151	10.645,23 €	1.046	9.928,86 €	105	716,37 €	1.151	10.645,23 €
91	PATRIMONIO CRUARB -ZONA POSTAL 4050 (c)	2.333	91.877,60 €	2.122	82.583,69 €	211	9.293,91 €	2.333	91.877,60 €
92	PATRIMONIO - ZONA POSTAL 4050 (c)	576	4.264,38 €	534	3.697,27 €	42	567,11 €	576	4.264,38 €
93	PATRIMONIO - ZONA POSTAL 4100 (c)	435	3.208,44 €	419	3.119,13 €	16	89,31 €	435	3.208,44 €
94	PATRIMONIO - ZONA POSTAL 4150 (c)	330	3.259,62 €	313	2.994,24 €	17	265,38 €	330	3.259,62 €
95	PATRIMONIO - ZONA POSTAL 4200 (c)	88	1.939,16 €	77	1.861,57 €	11	77,59 €	88	1.939,16 €
96	PATRIMONIO - ZONA POSTAL 4250 (c)	94	1.033,64 €	87	1.017,10 €	7	16,54 €	94	1.033,64 €

Movimento de rendas de 2002 por bairro (Continuação)

97	PATRIMONIO - ZONA POSTAL 4300 (c)	211	1.512,89 €	193	1.432,13 €	18	80,76 €	211	1.512,89 €
98	PATRIMONIO - ZONA POSTAL 4350 (c)	24	152,70 €	24	152,70 €	0	0,00 €	24	152,70 €
Totais - "fogos do Património"		5.242	117.893,66 €	4.815	106.786,69 €	427	11.106,97 €	5.242	117.893,66 €
Totais gerais		83.920	2.476.896,76 €	78.858	2.351.827,38 €	5.062	125.069,38 €	83.920	2.476.896,76 €

Tipo de concessão: (a) Alvará. (b) Contrato de arrendamento. (c) Não definido.

C – PROJECTO DE REGULAMENTO MUNICIPAL DE HABITAÇÃO SOCIAL DO MUNICÍPIO DO PORTO

ARTIGO 1.º
Base de legitimação

O presente regulamento é aprovado nos termos do art. 24.º, al. *d)* da Lei n.º 159/99, de 14 de Setembro [15]; do art. 53.º, n.º 2, al. *a)* da Lei n.º 169/99, de 18 de Setembro, na redacção que lhe foi dada pela Lei n.º 5-A/2002, de 11 de Janeiro [16] e do art. 11.º do Decreto-Lei n.º 166/93, de 7 de Maio.

ARTIGO 2.º
Objecto e âmbito de aplicação

1. O presente regulamento tem por objecto o estabelecimento de regras de determinação e aplicação das rendas das habitações dos bairros sociais do município do Porto, no âmbito e nos limites da legislação vigente.

2. O presente regulamento aplica-se a todas as habitações sociais situadas nos bairros sociais do Município do Porto, incluindo aquelas que foram adquiridas ou promovidas com o apoio financeiro do Estado, que se encontravam arrendadas para fins habitacionais à data da entrada em vigor do Decreto-Lei n.º 166//93, de 7 de Maio [17], constantes da lista do anexo I.

3. A lista constante do Anexo I, referida no número anterior, deverá ser permanentemente actualizada, devendo ser afixada em local de estilo, para quem a quiser consultar.

ARTIGO 3.º
Bases do regime de renda

O regime de renda das habitações assenta no preço técnico e na taxa de esforço a exigir aos seus moradores.

---

[15] Nos termos do art. 24º, al *d)*, da Lei n.º 159/99, de 14 de Setembro, compete aos órgãos municipais «fomentar e gerir o parque habitacional de arrendamento social».

[16] Nos termos do art., 53º, n.º 2, al. *a)*, da Lei n.º 169/99, de 18 de Setembro, na redacção que lhe foi dada pela Lei n.º 5-A/2002, de 11 de Janeiro, compete à Assembleia municipal «aprovar as posturas e regulamentos do município, com eficácia externa».

[17] Ver art. 11º, n.º 1, do Decreto-Lei n.º 166/93, de 7 de Maio.

ARTIGO 4.º [18]
Definições

Para efeitos do presente regulamento entende-se por:

a) «Agregado familiar», o conjunto de pessoas constituído pelo arrendatário, pelo cônjuge ou pessoa que com aquele viva há mais de dois anos [19] em condições análogas, pelos parentes ou afins na linha recta ou até ao terceiro grau da linha colateral, bem como pelas pessoas relativamente às quais, por força da lei ou de negócio jurídico que não respeite directamente à habitação, haja obrigação de convivência ou de alimentos e ainda outras pessoas a quem a entidade locadora autorize a coabitação com o arrendatário;

b) «Dependente», elemento do agregado familiar com menos de 25 anos que não tenha rendimentos e que, mesmo sendo maior, possua comprovadamente, qualquer forma de incapacidade permanente ou seja considerado inapto para o trabalho ou para angariar meios de subsistência;

c) «Rendimento mensal bruto», o quantitativo que resulta da divisão por 12 dos rendimentos anuais ilíquidos auferidos por todos os elementos do agregado familiar à data da determinação do valor da renda. Para este efeito, fazem parte do «rendimento bruto»: o valor mensal de todos os ordenados, salários e outras remunerações do trabalho, incluindo diuturnidades, horas extraordinárias e subsídios, bem como o valor de quaisquer pensões, nomeadamente de reforma, aposentação, velhice, invalidez, sobrevivência, e os provenientes de outras fontes de rendimento, com excepção do abono de família e das prestações complementares [20];

d) «Rendimento mensal corrigido», rendimento mensal bruto deduzido de uma quantia igual a três décimos do salário mínimo nacional pelo primeiro dependente e de um décimo por cada um dos outros dependentes, sendo a dedução acrescida de um décimo por cada dependente que, comprovadamente, possua qualquer forma de incapacidade permanente; [21]

e) «Salário mínimo nacional», o fixado pelo Governo da República, para todo o âmbito nacional.

---

[18] Corresponde ao art. 3.º, n.º 1, do Decreto-Lei n.º 166/93, de 7 de Maio. A adesão do regulamento a estes conceitos é necessária a fim de evitar contradição ou maior restrição do regulamento face ao Decreto-Lei.

[19] O Decreto-Lei n.º 166/93 refere o prazo de cinco anos. Porém, legislação mais recente do arrendamento urbano (regime jurídico-privado) estabelece o prazo de dois anos. Talvez se justifique a opção por este último prazo, dado ser mais favorável para o cidadão.

[20] Corresponde ao art. 3.º, n.º 1, al. c), e n.º 2, do Decreto-Lei n.º 166/93, de 7 de Maio.

[21] É possível, do ponto de vista jurídico, aumentar (mas não diminuir) as deduções aqui previstas. A análise de diferentes parâmetros de situação poderá aconselhar uma tal solução. Em qualquer caso, esta é uma decisão de política de arrendamento social, a ser tomada pelos órgãos políticos.

ARTIGO 5.º
Preço técnico

1. Para o cálculo do preço técnico, o valor do fogo corresponde ao que foi considerado para o cálculo do montante do respectivo financiamento.

2. Não sendo possível determinar o valor do fogo nos termos do número anterior ou quando esse valor seja manifestamente inadequado[22], é considerado o seu valor actualizado, estabelecido nos termos do regime da renda, tendo em conta o respectivo nível de conforto, estado de conservação, coeficiente de vetustez e área útil e o preço da habitação por metro quadrado.

3. Os preços técnicos constam do anexo I do presente regulamento, os quais são determinados tendo em conta o respectivo nível de conforto, estado de conservação, coeficiente de vetustez e área útil e o preço da habitação por metro quadrado.

4. O preço técnico actualiza-se anual e automaticamente pela aplicação do coeficiente de actualização dos contratos de arrendamento em regime de renda condicionada[23].

ARTIGO 6.º
Valor da renda apoiada e sua actualização

1. A renda apoiada é o valor devido pelo arrendatário[24].

2. O valor da renda apoiada é determinado pela aplicação da taxa de esforço (T) ao rendimento mensal corrigido do agregado familiar[25].

3. A renda mínima é fixada, uniformemente para todas as habitações sociais, em 10 euros.

4. O montante da renda apoiada actualiza-se anual e automaticamente, em função da variação do rendimento mensal corrigido do agregado familiar[26], tendo em consideração os preços técnicos definidos na tabela constante do Anexo I.

---

[22] É este o caso de alguns bairros sociais cujo custo de construção ultrapassou, em muito, o montante inicialmente esperado. Quanto a estes, tal como quanto aos demais, é possível uma avaliação actual ("valor actualizado"), com base nos critérios referidos neste número (que correspondem ao art. 4.º, n.º 3, do Decreto-Lei n.º 166/93, de 7 de Maio).

[23] Corresponde ao art. 8.º, n.º 1, do Decreto-Lei n.º 166/93, de 7 de Maio.

[24] Corresponde ao art. 5.º, n.º 1, do Decreto-Lei n.º 166/93, de 7 de Maio

[25] Corresponde à segunda parte do n.º 3 do art. 5.º do Decreto-Lei n.º 166/93, de 7 de Maio.

[26] Corresponde ao art. 8.º, n.º 2, do Decreto-Lei n.º 166/93, de 7 de Maio

ARTIGO 7.º
Procedimento de determinação do montante da renda [27]

1. Compete à Câmara Municipal do Porto organizar os processos tendentes à determinação do montante da renda.
2. A Câmara Municipal do Porto pode, a todo o tempo, solicitar aos arrendatários quaisquer documentos e esclarecimentos que considere necessários para a instrução e ou actualização dos respectivos processos.
3. Salvo em casos devidamente justificados, quando, nos termos do número anterior, a Câmara Municipal solicite documentos ou esclarecimentos, os arrendatários deverão responder no prazo de trinta dias, sob pena de passarem a pagar por inteiro o respectivo preço técnico [28].

ARTIGO 8.º
Taxa de esforço

A taxa de esforço (T) corresponde ao valor que resulta da aplicação da seguinte fórmula:
$T = 0,08\ Rc:Smn$
Em que:
Rc = Rendimento mensal corrigido do agregado familiar;
Smn = Salário mínimo nacional.

ARTIGO 9.º
Declaração anual de rendimentos

1. Para efeitos da determinação do valor da renda, os arrendatários devem declarar anualmente os respectivos rendimentos à entidade locadora [29].

---

[27] Corresponde, com as devidas adaptações, ao art. 9.º do Decreto-Lei n.º 166/93, de 7 de Maio.

[28] Corresponde aos n.ºs 2 e 3 do art. 9.º do Decreto-Lei n.º 166/93, de 7 de Maio. Caso a Câmara assim o entenda, poderá ainda considerar que aqui se verifica também um **fundamento de resolução do contrato de arrendamento**, ainda que a lei o não refira expressamente. Este entendimento baseia-se numa interpretação analógica do n.º 5 do art. 6.º do Decreto-Lei n.º 166/93, de 7 de Maio.

[29] Corresponde ao n.º 1 do art. 6.º do Decreto-Lei n.º 166/93, de 7 de Maio. Dadas as actuais circunstâncias, não se aconselha a opção por períodos mais longos para a declaração de rendimentos.

2. A falta da declaração ou a produção de falsas declarações determina o imediato pagamento, por inteiro, do preço técnico, constituindo simultaneamente fundamento de resolução do contrato de arrendamento[30].

3. O disposto no número anterior não prejudica, nos termos da lei geral, a eventual responsabilidade criminal do declarante[31].

ARTIGO 10.º
Presunção de rendimentos

1. Quando os rendimentos do agregado familiar tenham carácter incerto, temporário ou variável, e caso não seja prova bastante que justifique essa natureza, presume-se que o agregado familiar aufere um rendimento superior ao declarado sempre que:

a) um dos seus membros exerça actividade que notoriamente produza rendimentos superiores aos declarados;

b) seja possuidor de bens, ou exiba sinais exteriores de riqueza não compatíveis com a sua declaração;

c) realize níveis de despesa ou de consumo não compatíveis com a sua declaração.

2. As presunções referidas no número anterior são ilidíveis mediante a apresentação de prova em contrário por parte do interessado.

3. No acto da presunção referida no n.º 1 do presente artigo, compete à Câmara Municipal do Porto estabelecer o montante do rendimento mensal bruto do agregado familiar que considera relevante para a fixação da renda, devendo notificar a sua decisão ao arrendatário, no prazo de 15 dias.

ARTIGO 11.º
Vencimento e pagamento da renda[32]

1. A renda vence-se no 1.º dia útil do mês a que respeita.

2. O pagamento da renda é efectuado na Tesouraria da Câmara Municipal, nos CTT ou por multibanco.

---

[30] Corresponde ao n.º 5 do art. 6.º do Decreto-Lei n.º 166/93, de 7 de Maio.
[31] Corresponde ao n.º 6 do art. 6.º do Decreto-Lei n.º 166/93, de 7 de Maio.
[32] Corresponde, com as necessárias adaptações, ao art. 7.º do Decreto-Lei n.º 166/93, de 7 de Maio.

3. O não pagamento injustificado da renda durante três meses consecutivos implica a perda do direito ao arrendamento, devendo a habitação ser deixada livre no prazo de 15 dias[33].

4. A não ser cumprido o prazo estabelecido no número anterior, poderá a Câmara Municipal proceder ao despejo administrativo da habitação, mediante processo adequado[34].

ARTIGO 12.º
Reajustamento da renda

A todo o tempo poderá haver reajustamento da renda, sempre que se verifique alteração do rendimento mensal corrigido do agregado familiar, resultante de morte, invalidez permanente e absoluta ou desemprego de um dos seus membros[35].

ARTIGO 13.º
Alteração do montante da renda

1. A Câmara Municipal do Porto deve comunicar por escrito, com a antecedência mínima de 30 dias, ao seu destinatário qualquer alteração dos valores do preço técnico ou da respectiva renda[36].

2. A renda social cessará, passando a ser cobrada a renda técnica, sempre que sobrevenha subocupação do fogo, de acordo com as normas que definem a adequação da habitação à dimensão do agregado familiar, desde que se verifique na localidade a disponibilidade de um fogo adequado àquela dimensão.

ARTIGO 14º
Obras nas Habitações sociais

Sem prejuízo do disposto na legislação urbanística sobre licenciamento de obras, aos arrendatários de habitação de bairro social é expressamente proibido efectuar quaisquer obras ou instalações que alterem as condições de utilização

---

[33] Importa ver se há vontade política para introduzir esta solução. Ver regime idêntico no art. 23.º da Portaria de 1983.
[34] Importa ver se há vontade política para introduzir esta solução.
[35] Corresponde ao n.º 3 do art. 8.º do Decreto-Lei n.º 166/93, de 7 de Maio.
[36] Corresponde ao n.º 6 do art. 8.º do Decreto-Lei n.º 166/93, de 7 de Maio.

das suas habitações, sob pena de poderem ser desalojados coactivamente e de suportar as despesas de reconstituição da habitação.

ARTIGO 15º
Conservação e Limpeza

1. Os encargos de manutenção e limpeza das habitações sociais são da responsabilidade dos respectivos arrendatários.
2. Quem, intencional ou negligentemente, destruir ou danificar equipamentos comuns será obrigado a reparar os danos que causou. Os pais ou quem os representem respondem nos termos da lei geral pelos actos dos seus filhos menores.

ARTIGO 16.º
Restituição das habitações

Os arrendatários de habitação social estão obrigados a restituir as habitações no estado em que as receberam, ressalvadas as deteriorações inerentes a uma prudente utilização, sob pena da Câmara realizar as obras necessárias a expensas dos arrendatários faltosos.

ARTIGO 17.º
Proibição de hospedagem, sublocação e cedência

1. Os arrendatários não podem hospedar, sublocar, total ou parcialmente, ou ceder a qualquer título as habitações que tomaram em arrendamento.
2. A violação do disposto no número anterior dá direito à Câmara a pôr termo ao arrendamento.

ARTIGO 18.º
Subocupação da habitação

1. Verificando-se subocupação da habitação arrendada, a Câmara Municipal do Porto reserva-se o direito de determinar a transferência do arrendatário e do respectivo agregado familiar para habitação de tipologia adequada dentro da mesma localidade.
2. Caso o arrendatário não cumpra, no prazo de 90 dias, a ordem dada nos termos do número anterior, passará a pagar por inteiro o respectivo preço técnico.

ARTIGO 19.º
Notificação do regime de renda apoiada aos destinatários

A Câmara municipal do Porto comunica por escrito aos arrendatários, com a antecedência mínima de 30 dias, os elementos determinantes do regime de renda apoiada, bem como os montantes do respectivo preço técnico e da renda apoiada.

ARTIGO 20.º
Transmissão por divórcio

Obtido o divórcio ou a separação judicial de pessoas e bens, a posição de titular do direito ao arrendamento social pode ficar a pertencer ao cônjuge a quem for confiada a tutela dos filhos, havendo-os.

ARTIGO 21.º
Transmissão por morte

Em caso de morte do titular, o direito ao arrendamento social é deferido ao cônjuge sobrevivo não separado judicialmente de pessoas e bens ou de facto, ou, na falta deste, àquele que suceda no encargo de sustentação da família.

ARTIGO 22.º
Perda do direito ao arrendamento social

1. Para além dos casos previstos nos arts. anteriores, perdem o direito ao arrendamento social os arrendatários que:
   a) Não procedam ao pagamento, injustificado, da renda fixada, nos três meses posteriores ao seu vencimento;
   b) possuam casa própria, num raio de 60 Km, que satisfaça as exigências do agregado familiar e que se encontre em condições ser ocupada;
   c) reiteradamente, utilizem a habitação para adoptar comportamentos ofensivos da moral e dos bons costumes;
   d) desenvolvam actividades ou adoptem comportamentos que representem perigo para a segurança e saúde pública do bairro.
2. A perda do direito à habitação social é notificada ao seu titular, devidamente fundamentada, no prazo máximo de 45 dias após a ocorrência dos factos.
3. Uma vez notificado, tem o morador de, no prazo de 2 meses, abandonar a habitação, decorrido o qual se segue o despejo administrativo.

ARTIGO 23.º
Preço técnico como sanção

A entrada em vigor do presente regulamento não prejudica os preços técnicos de renda que estão a ser pagos como sanção por incumprimento ou qualquer forma de culpa do arrendatário.

ARTIGO 24.º
Publicação e entrada em vigor

O presente regulamento é publicado no..........
O presente regulamento entra em vigor dois meses após a sua publicação.

ANEXO I
Tabela de Preços Técnicos (nos termos do art. 5º, n.º 2)
(Euros)

	Caracterização	T1	T2	T3	T4	T5	T6
Grupo I	Muito mau estado de conservação e/ou baixo nível de conforto	22,5	27	31,5	36	40,5	45
Grupo II	Mau estado de conservação	46,6	55,9	65,2	74,5	83,8	93,1
Grupo III	Razoável estado de conservação	85,1	102,1	119,1	136,1	153,1	170,1
Grupo IV	Bom estado de conservação e mais do que 10 anos	145,5	174,6	203,8	232,9	262,0	291,1
Grupo V	Bom estado de conservação e menos que dez anos	188,3	225,9	263,6	301,2	338,9	376,5

Nota:
De acordo com a alínea 3 do art. 4º do Decreto-Lei n.º 166/93, de 7 de Maio, as rendas técnicas são calculadas considerando o valor dos fogos estimado nos termos definidos para o regime de renda condicionada, tendo em conta o respectivo conforto, estado de conservação, coeficiente de vetustez, área útil e preço de habitação por metro quadrado. Seguindo o estipulado no Decreto-Lei 329-A/2000, de 22 de Dezembro, a fórmula considerada é a seguinte:

$$V = Au \times Pc \times (0{,}85 \times Cf \times Cc \times (1 - 0{,}35 \times Vt) + 0{,}15)$$

Au – área útil
Pc – preço/metro quadrado do fogo
Cf – factor relativo ao conforto do fogo
Cc - factor relativo à conservação do fogo
Vt – coeficiente relativo à vetustez do fogo

No cálculo de V consideram-se as seguintes áreas úteis: T1 = 50 m2; T2= 60 m2; T3= 70 m2; T4= 80 m2; T5 = 90 m2.

O preço por m2 foi de 3 euros. Este valor corresponde ao valor fixado em 1994 com a correcção monetária decorrente da inflação.

Cf é igual a 0 para os fogos com baixo nível de conforto.

Cf é igual a 1 quando cumpre as condições previstas no n.º 1 do art. 2º do Decreto-Lei n.º 329-A/2000.

Para os fogos com muito bom nível de conforto, o coeficiente é igual a 1,3.

Cc é igual a zero nos bairros em muito mau estado de conservação (a necessitar de uma reparação total). Este factor tem o valor de 0,25, de 0, 65 e de 1, respectivamente, nos bairros em mau estado de conservação (a necessitar de uma reparação importante), razoável estado de conservação (a necessitar de uma reparação ligeira) e bom estado de conservação (a necessitar de uma reparação sem grande significado).

O coeficiente de vetustez usado é o mais favorável do ponto de vista dos utentes, (0,7). Este coeficiente é igual a zero nos bairros em bom estado de conservação posteriores a 1993. Nos bairros em bom estado de conservação, mas anteriores a 1993, considera-se Vt igual a 0,1.

Notas finais:

A partir da lista constante do Anexo I, que deverá ser tornada pública nos locais de estilo, é feito o cálculo da renda a pagar por cada morador, após aplicada a sua taxa de esforço. Haverá então uma lista completa para todos os bairros e, dentro destes, para cada arrendamento. Esta lista deverá ser permanentemente actualizada, devendo ser afixada em local de estilo, para quem quiser consultar.

Os serviços camarários deverão possuir permanentemente actualizada, em base informatizada de dados, uma lista com todos os bairros e, dentro destes, todos os fogos arrendados, com o seu processo individual. Achada a renda técnica e a renda apoiada a pagar para cada fogo, são estas notificadas individualmente ao representante do fogo, com a antecedência mínima de 30 dias.

Todos os anos, a Câmara procede à actualização da "lista de classificação dos bairros", tendo em conta as eventuais obras de conservação que tenham sido feitas, um índice de actualização dos valores dos imóveis e dos preços técnicos de renda e outros factores relevantes. Daí resultará uma lista alterada, que condicionará os aumentos das rendas praticadas.

NB. A Câmara do Porto deve, com a antecedência de pelo menos trinta dias em relação à entrada em vigor do presente regulamento, comunicar por escrito aos arrendatários os fogos e a data a partir da qual o novo regime lhes é aplicado, incluindo os montantes do respectivo preço técnico e da renda apoiada (devida pelo arrendatário).

Por outro lado, após a aprovação do presente regulamento, deve a Câmara tornar público, durante pelo menos três dias, através de anúncios a publicar em pelo menos num jornal de grande tiragem a nível nacional e em pelo menos dois jornais locais de maior tiragem, que foi adoptado pela Assembleia municipal o regime de renda apoiada, previsto no Decreto-Lei n.º 166/93, de 7 de Maio. Deve ser indicada a data da respectiva deliberação, o facto da mesma se passar a aplicar a todos os fogos existentes nos bairros sociais do Porto, bem como os locais onde os interessados podem consultar o regulamento e ser esclarecidos sobre a aplicação do regime de renda apoiada.

D – PROPOSTA DE DELIBERAÇÃO DE ACTUALIZAÇÃO E AJUSTAMENTO DAS RENDAS HABITACIONAIS DOS BAIRROS SOCIAIS DO PORTO

As habitações sociais do Município do Porto assentam actualmente em três regimes diferentes: um de 1945, outro de 1983 e outro de 1993.

A diferença de regimes cria, na sua aplicação concreta, situações de clara e profunda injustiça, num número muito elevado de casos, facto que tem sido inúmeras vezes denunciado e que está na origem de um descontentamento de grande parte dos arrendatários, gerando intranquilidade social.

O regime de 1993 não revogou nem expressamente, nem implicitamente os regimes anteriores.

No entanto, permitiu a sua aplicação a todos os arrendamentos anteriores, portanto não apenas aos arrendamentos de 1983, como também às ocupações do regime de 1945.

Com base nesta possibilidade, que o regime de 1993 expressamente prevê (art. 11.º), a Câmara Municipal do Porto actualiza todas as rendas das habitações sociais.

Fá-lo com base nos seguintes fundamentos:

I. **Fundamento jurídico-formal**:

A lei do Governo não permite que alguém pague menos do que a renda mínima por ele fixada.

Logo, se a Câmara Municipal eleva a renda mínima, formalmente, não está a violar a lei do Governo, porque ninguém irá pagar menos daquilo que o Governo fixou. Não haverá pois desconformidade com a letra da lei.

II. **Fundamentos jurídico-materiais**:

A) Quanto à questão de saber se o aumento da renda mínima violará materialmente a lei do Governo?

1.º – O estabelecimento de uma renda mínima, impede que na prática alguém, por pior que seja a sua situação económica, ainda que não aufira quaisquer rendimentos, pague menos do que o limite estipulado. Porém, o verdadeiro objectivo da renda mínima não é o de obrigar pessoas que não podem pagar a ter de suportar despesas para além das suas capacidades mas, por um lado, obrigar os arrendatários a contribuir na medida das suas possibilidades para as receitas públicas e, por outro lado, combater a fuga ao pagamento quando o controle dos rendimentos é manifestamente impossível ou muito difícil. Portanto, o legislador estabeleceu uma renda mínima porque sabia (com base nos dados estatísticos existentes que um leque muito alargado de pessoas, ilicitamente, apresentavam uma situação que os levaria, se não houvesse a renda mínima, a nada pagar ou a pagar abaixo do valor fixado.

Do ponto de vista jurídico, esta solução – que é perfeitamente aceitável – opera uma ponderação entre o risco de injustiça que pode representar para umas quantas pessoas e as vantagens de pôr todos os moradores a contribuir para as receitas públicas na medida das suas possibilidades e de combater uma fuga ao pagamento de renda por parte de uma grande percentagem de pessoas, devido à impossibilidade ou grande dificuldade de controle dos seus rendimentos.

2.º – Quanto à questão de saber até que ponto as autarquias estão vinculadas a aplicar a renda mínima legalmente fixada, cumpre dizer o seguinte:

À partida, o direito que as pessoas têm no arrendamento social não é o de pagarem a renda mínima, mas o de não pagarem mais do que aquilo que a sua capacidade financeira permite, considerando o rendimento do seu agregado familiar. No arrendamento social estamos perante uma contribuição que assenta numa taxa de esforço a exigir dos moradores, considerando a situação económica do seu agregado familiar. É precisamente este aspecto que permite e obriga aos reajustamentos – para cima e para baixo - das rendas (que teoricamente podem ser frequentes) consoante se verifiquem alterações das circunstâncias de facto e de direito.

3.º – Qual será então a função da renda mínima fixada na Portaria de 1983 e no Decreto-Lei de 1993?

A resposta a esta questão só pode ser uma: a de indicar aos municípios e demais proprietários de bairros sociais um critério aceitável em matéria de esforço minimamente exigível aos arrendatários. Este critério deverá, como regra geral, ser aceite, a menos que a especificidade de um município não aconselhe a sua aplicação. A lei do Governo continua a ser respeitada quando a Câmara realiza o seu fim de impedir que pessoas se aproveitem da impossibilidade ou dificuldade de controle para não pagarem ou pagarem menos daquilo que realmente deveriam pagar.

4.º – Mas poderá a Câmara do Porto actualizar de uma só vez a renda mínima (do regime de 1983), quando o não tenha feito durante muitos anos?

A resposta a esta questão tem de ser afirmativa. Quando a Câmara actualiza os valores da renda mínima, não viola o critério – realidade dinâmica que deverá manter-se sempre actualizado, isto é, adaptado às circunstâncias do caso concreto – proposto pelo legislador central, mas limita-se a aplica-lo de forma actual, respeitando-o, portanto. Podemos mesmo dizer que o que viola o critério proposto pelo Governo é a sua não actualização, pois em rigor neste caso ele deixou de ser respeitado. Nesta linha de ideias, a actualização do critério, mesmo que feita de uma só vez, não só é permitida, como mesmo imposta. Por outro lado, a actualização tem de ser feita para o momento actual e não para uma data passada [37].

5.º – No que concerne à questão do aumento da renda mínima dos fogos arrendados a partir de 1993, a actualização tem sido feita automaticamente por força da cláusula de 1% do salário mínimo nacional. Aqui o legislador, que como referimos acima, quer um equilíbrio permanentemente actualizado, encontrou uma fórmula capaz de garantir a actualização desse equilíbrio.

Como acima já foi salientado, o critério geral (fixado para todo o país) da renda mínima pode não ser aplicado quando circunstâncias específicas não aconselhem à sua aplicação ou quando a sua aplicação conduza a situações de injustiça material. É o que efectivamente acontece com a aplicação da renda mínima estabelecida pelo Decreto-Lei n.º 166/93. Actualizando as rendas mínimas de 1983, e nesta medida respeitando a vontade do legislador, temos que elas se situam agora em 10 euros; actualizando as rendas mínimas de 1993, temos que elas se situam em cerca de 3,40 euros. A injustiça é tanto maior quanto é certo que as habitações arrendadas ao abrigo do regime de 1993 são significativamente mais novas e têm um nível de conforto incomparavelmente superior às habitações mais antigas, a maior parte das quais estão em mau estado de conservação. Não será justo que uma pessoa, mesmo que nada possa pagar, mas que é obrigada a pagar a renda mínima, pague no regime de 1983 10 euros e outra em iguais circunstâncias pague no regime no regime de 1993 apenas 3,40 euros.

---

[37] Exemplificando: Em 1983, o legislador, considerando os dados gerais do país naquela época, entendeu que o justo equilíbrio entre o interesse de perseguir a fuga ao pagamento e o risco que corria de injustiça na cobrança a quem nada podia pagar se situava nos dois euros. Ora, com o aumento dos salários e as variações económicas e sociais entretanto sofridas verificou-se uma alteração deste justo equilíbrio, o que significa dizer que deixou de haver justo equilíbrio. O que o legislador quer ao estabelecer esse justo equilíbrio é que ele se mantenha sempre actual. Se assim é, uma actualização do referido equilíbrio no ano de 2002 para valores (realidade económica e social), p. ex., de 1995 (p. ex. de 2 euros para 4 euros) continuaria a desrespeitar o equilíbrio estabelecido pelo legislador, na medida em que não o mantinha actualizado. Logo pode e deve haver actualização das rendas mínimas de uma só vez para valores actuais.

A Câmara do Porto tem pois legitimidade para fixar para os novos bairros sociais do Porto (construídos a partir de 1993) uma renda mínima igual à resultante do regime de 1983, sem com isso sair dos limites da razoabilidade subjacente à filosofia do legislador no estabelecimento da renda mínima. Só assim serão respeitados os princípios da igualdade e da justiça material.

6.º – Por outro lado, se cerca de 30% dos moradores dos bairros não apresentam rendimento algum, quando na realidade essa percentagem é manifestamente muito inferior, isso significa que muita gente está a ser indirectamente subsidiada sem o dever ser ou muito para além daquilo a que teria direito. A Câmara do Porto não pode tolerar por mais tempo esta importante perda de receitas, que tanta falta faz para implementar e aperfeiçoar ainda mais a política de arrendamento social em que está profundamente empenhada. Porque nuns casos é impossível e noutros é excessivamente difícil ou oneroso proceder a uma fiscalização com resultados satisfatórios (como implicitamente já o reconhece o próprio legislador), estão reunidas as condições para o Município do Porto, na prossecução das funções que lhe estão confiadas em matéria de arrendamento social, actualizar o critério de equilíbrio proposto pelo Governo para os arrendamentos posteriores a 1993 e assim estabelecer também para eles a renda mínima de 10 euros. Esta solução apresenta-se como o mínimo indispensável, considerando a elevadíssima percentagem dos que declaram não auferir quaisquer rendimentos, aliada à impossibilidade ou grande dificuldade de controlo da veracidade das declarações feitas. Efectivamente, a percentagem dos que declaram não auferir quaisquer rendimentos está manifestamente muito para além da realidade. O facto de, segundo um levantamento recentemente feito, apenas 1,18% dos arrendatários com rendimentos inferiores ao salário mínimo nacional declararem estar em situação de desemprego e de apenas 1,02% dos arrendatários com rendimentos inferiores ao salário mínimo nacional declararem receber o Rendimento Mínimo Garantido, revela bem que a generalidade dos casos declarados de ausência de rendimento não corresponde à verdade. Por outro lado, quanto mais baixa for a renda mínima tanto maior é o incentivo ao não trabalho e à não declaração de rendimentos. Com rendas mínimas muito baixas as pessoas sentem-se motivadas a não trabalhar, pois se o fizerem terão de entregar grande parte do seu ganho para a renda da casa. Se já têm casa sem necessidade de trabalhar, para quê trabalhar para continuar a ter a mesma casa?

7.º – Temos pois que da aplicação simultânea das rendas mínimas do regime anterior a 1993 e do regime posterior a 1993 resulta uma situação de injustiça e desigualdade. Ora, se os diplomas criam na sua aplicação concreta injustiça e desigualdade, são nessa medida contrários ao Direito (e à Constituição), pois o Direito é por definição justo e elimina todas as situações de injustiça que a lei positiva possa criar.

III. Para efeitos do art. 11.º, n.º 2 do Decreto-Lei n.º 166/93, de 7 de Maio, todos fogos de habitações sociais integrados nos bairros sociais do Município do Porto são abrangidos pelo regime de rendas que ora se estabelece.

De acordo com a alínea 3 do art. 4º do Decreto-Lei n.º 166/93 de 7 de Maio as rendas técnicas são calculadas considerando o valor dos fogos estimado nos termos definidos para o regime de renda condicionada, tendo em conta o respectivo conforto, estado de conservação, coeficiente de vetustez, área útil e preço de habitação por metro quadrado. Seguindo o estipulado no Decreto-Lei n.º 329-A/2000, de 22 de Dezembro, a fórmula considerada é a seguinte:

$$V = Au \times Pc \times (0{,}85 \times Cf \times Cc \times (1 - 0{,}35 \times Vt) + 0{,}15)$$

Au – área útil
Pc – preço/metro quadrado do fogo
Cf – factor relativo ao conforto do fogo
Cc - factor relativo à conservação do fogo
Vt – coeficiente relativo à vetustez do fogo

No cálculo de V consideram-se as seguintes áreas úteis: T1 = 50 m2; T2 = 60 m2; T3 = 70 m2; T4 = 80 m2; T5 = 90 m2.

O preço por m2 foi de 3 euros. Este valor corresponde ao valor fixado em 1994 com a correcção monetária decorrente da inflação.

Cf é igual a 0 para os fogos com baixo nível de conforto.

Cf é igual a 1 quando cumpre as condições previstas no n.º 1 do art. 2 do Decreto-Lei n.º 329-A/2000.

Para os fogos com muito bom nível de conforto, o coeficiente é igual a 1,3.

Cc é igual a zero nos bairros em muito mau estado de conservação (a necessitar de uma reparação total). Este factor tem o valor de 0,25, de 0, 65 e de 1, respectivamente, nos bairros em mau estado de conservação (a necessitar de uma reparação importante), razoável estado de conservação (a necessitar de uma reparação ligeira) e bom estado de conservação (a necessitar de uma reparação sem grande significado).

O coeficiente de vetustez usado é o mais favorável do ponto de vista dos utentes, (0,7). Este coeficiente é igual a zero nos bairros em bom estado de conservação com menos de dez anos. Nos bairros em bom estado de conservação, mas com mais de dez anos, considera-se Vt igual a 0,1.

IV. Deliberação:
Considerando os fundamentos expostos,

a Câmara Municipal do Porto delibera:

1.º – Aprovar novas rendas técnicas, calculadas com base nos critérios acima expostos, constantes da tabela do Anexo I;

2.º – Fixar a renda mínima, uniformemente para todas as habitações sociais, em 10 euros;

3.º – Aplicar uniformemente a todas as rendas sociais a fórmula de cálculo constante do art. 5.º, n.º 2, do Decreto-Lei n.º 166/93, de 7 de Maio.

4.º – A renda mínima e as rendas técnicas actualizam-se anual e periodicamente, pela aplicação de coeficiente de actualização dos contratos de arrendamento com regimes de renda condicionada. O montante das rendas actualiza-se também, anual e automaticamente, em função da variação do rendimento mensal corrigido do agregado familiar.

A Câmara Municipal garantirá apoio, nos limites do aumento da renda mínima, àqueles que objectivamente não podem trabalhar e comprovadamente não auferem rendimentos ou apoios financeiros suficientes para suportar o aumento da renda mínima.

ANEXO I
Tabela de Rendas Técnicas Máximas
(Euros)

	Caracterização	T1	T2	T3	T4	T5	T6
Grupo I	Muito mau estado de conservação e/ou baixo nível de conforto	22,5	27	31,5	36	40,5	45
Grupo II	Mau estado de conservação	46,6	55,9	65,2	74,5	83,8	93,1
Grupo III	Razoável estado de conservação	85,1	102,1	119,1	136,1	153,1	170,1
Grupo IV	Bom estado de conservação e mais do que 10 anos	145,5	174,6	203,8	232,9	262,0	291,1
Grupo V	Bom estado de conservação e menos que dez anos	188,3	225,9	263,6	301,2	338,9	376,5

1º GRUPO:
– Duque de Saldanha
– S. Vicente de Paulo
– Rainha D. Leonor
– Bom Sucesso
– Pio XII
– Carvalhido
– Outeiro
– Pasteleira

– Agra do Amial
– Carriçal
– Fonte da Moura
– Fernão Magalhães
– S. Roque da Lameira
– Cerco do Porto
– Regado
– Campinas
– Eng° Machado Vaz
– Francos
– Aldoar

2º GRUPO:
– Monte da Bela
– Dr. Nuno Pinheiro Torres
– Falcão
– Lagarteiro (Antigo)
– Bom Pastor
– Aleixo
– Lordelo
– Contumil
– S. João de Deus (blocos 7 e 8)

3.º GRUPO:
– Bessa Leite
– Vale Formoso
– Mouteira
– Cerco do Porto – ampliação
– Contumil – ampliação
– Lagarteiro – ampliação
– Falcão – ampliação
– Central de Francos
– Ramalde
– Areias
– Cruzes -pré-fabricados

E pelas *caves* existentes nos bairros de
– Contumil
– Falcão
– Lagarteiro (ampliação)
– Dr. Nuno Pinheiro Torres (Blocos 5 e 6)
– Lordelo (Bloco 15)
– Monte da Bela
– Bom Pastor

4º GRUPO:
- Urbanização de Santa Luzia
- Urbanização das Condominhas
- Agrupamento Habitacional dos Choupos

5º GRUPO:
- Agrupamento Habitacional do Falcão
- Agrupamento Habitacional da Pasteleira
- Agrupamento Habitacional do Viso
- Agrupamento Habitacional da Fontinha
- Agrupamento Habitacional do Ilhéu
- Agrupamento Habitacional das Antas

Cálculo do valor das rendas no período de transição, previsto no ponto 5.º da proposta

A actualização de rendas prevista no ponto 5.º, alínea c) desta proposta, obtém-se, anualmente, por aplicação da expressão seguinte:

A renda de transição no ano N (RT_N) será calculada:

$$RT_N = \frac{RP_N - RT_{N-1}}{10 - N}$$

em que:

RT_N (valor actualizado da renda proposta no ano N)

$$RT_N = RP_{N-1}(1 + i_{N-1})$$

Em que i_{N-1} é o coeficiente de actualização dos contratos de arrendamento com regimes de renda condicionada.

A Adjunta do Vice-Presidente

(FILIPA MELO, Dra.)

2ª PARTE
Estudos Jurídico-Económicos para um projecto de Regulamento de Arrendamento de arrumos e lugares de garagem situados nos agrupamentos habitacionais da Câmara Municipal do Porto

Equipa de Investigação:

Coordenação:

- GLÓRIA TEIXEIRA
  Doutora em Direito.
  Professora Auxiliar da Faculdade de Direito da Universidade do Porto.
  Coordenadora do Centro de Investigação Jurídico-Económica.

Investigadores:

- JOSÉ COSTA
  Doutor em Economia.
  Professor Catedrático da Faculdade de Economia da Universidade do Porto.
  Investigador principal do CIJE.

- MARIA RAQUEL GUIMARÃES
  Mestre em Ciências Jurídico-Empresariais.
  Assistente da Faculdade de Direito da Universidade do Porto.
  Investigadora principal do CIJE.

- JOÃO FÉLIX NOGUEIRA
  Licenciado em Direito.
  Assistente de Investigação do CIJE.

I – ESTUDO JURÍDICO

1. *Notas iniciais*

No presente estudo analisa-se a possibilidade de certas estruturas, pertença da Câmara Municipal do Porto (C.M.P.), serem afectas ao uso exclusivo de particulares. Em concreto pretende-se saber de que modo essa afectação pode ser feita, e qual a contrapartida devida pela mesma.

Disto decorre a necessidade de uma prévia delimitação dos espaços cuja disponibilização se pretende, mediante a sua localização geográfica. Torna-se ainda relevante, neste âmbito, fazer uma breve descrição destes espaços, nomeadamente pela indicação das suas características.

Feita a descrição dos vários espaços, proceder-se-á à análise dos regimes jurídico-económicos que estão na base das diferentes formas de disponibilização destes aos particulares, nomeadamente no que diz respeito ao montante devido por tal disponibilização.

2. *Caracterização dos espaços*

As estruturas em estudo são as seguintes:
– Arrumos e
– Lugares de garagem situados no interior de imóveis.

Estes espaços estão situados no interior dos edifícios destinados a habitação social. Estes são acessíveis, em regra, quer através do exterior dos edifícios, a partir dos acessos para o exterior, quer através do interior dos edifícios, através de acessos privativos.

No entanto, e não obstante tal localização, os espaços são juridicamente autónomos em relação às habitações. Isto, uma vez que o título jurídico que permite o gozo e fruição das habitações não inclui qualquer destes espaços.

3. Regime Jurídico

3.1. *Da não aplicabilidade do regime de renda social*

Cumpre desde logo colocar a questão de saber se relativamente a estes espaços vigora o **regime jurídico aplicável às habitações sociais**. Avance-se, porém, que o mesmo **não é aplicável** por um conjunto de motivos, os quais se passam a explanar:

a) Inexistência de dispositivo legal ordinário

Sendo o regime do arrendamento social um regime especial, a sua aplicação depende da existência de um dispositivo legal que o determine. No caso de falta deste, não será possível tal aplicação.

Ora não existe tal regra no caso vertente, pelo que não será aplicável o regime do arrendamento social. De facto, tal não é imposto nem por nenhum diploma de enquadramento, nem pelos próprios diplomas que regulam o regime do arrendamento social.

b) Inexistência de comando constitucional

Do disposto no texto constitucional, em particular no atinente à habitação, também não decorre a necessidade ou bondade de aplicação do regime referido.

Atentemos, pois, na norma constitucional aqui em causa. Dispõe o art. 65º da Constituição, sob a epígrafe "Habitação e urbanismo" que:

"1 – Todos têm direito, para si e para a sua família, a uma habitação de dimensão adequada, em condições de higiene e conforto e que preserve a intimidade pessoal e a privacidade familiar.

2 – Para assegurar o direito à habitação, incumbe ao Estado:

(...)

b) Promover, em colaboração com as regiões autónomas e com as autarquias locais, a construção de habitações económicas e sociais;

(...)

3 – O Estado adoptará uma política tendente a estabelecer um sistema de renda compatível com o rendimento familiar e de acesso à habitação própria."

Da norma referida não resulta qualquer obrigatoriedade de regime no que toca à afectação particular dos arrumos e lugares de garagem. Isto porque se estabelece um conjunto de incumbências, que compete ao estado desenvolver, "sob reserva do possível". No entanto, essas incumbências referem-se apenas às situações fácticas subsumíveis no âmbito do "conceito constitucional de habitação" (art. 65 Constituição da República Portuguesa – C.R.P.). Ora do próprio do texto constitucional resulta a limitação do objecto de protecção apenas às unidades habitacionais.

A idêntica conclusão se é levado mediante análise da jurisprudência do Tribunal Constitucional (T.C.). Na verdade, tem este tribunal considerado que o conceito constitucional se reporta a uma "habitação modesta". Assim, e nas palavras do TC, a fórmula do art. 65º *"reconhece a todos os cidadãos o direito a uma morada decente, para si e para a sua família; uma morada que seja adequada ao número de membros do respectivo agregado familiar, por forma a que seja preservada a intimidade de cada um deles e a privacidade da família no seu conjunto; uma morada que, além disso, permita a todos viver em ambiente fisicamente são e que ofereça os serviços básicos para a vida da família e da comunidade"*[38].

Aqui, e de forma mais clara, se constata que a protecção constitucional se limita às habitações (unidades habitacionais), estando, pois, desse conceito arredados os arrumos e lugares de garagem.

Em idêntico sentido (de distinção entre as habitações em si mesmo consideradas e os restantes espaços – para efeitos da determinação dos regimes aplicáveis ao nível de financiamento, de alienação, etc.) dispõem vários diplomas. Assim, o legislador ordinário, certamente conhecedor do conceito constitucional de habitação, presente no referido art. 65º, vem distinguir entre as habitações e outros espaços que, se bem que conexos, com elas não se confundem.

---

[38] Cfr. Acórdão n.º 130/92 do Tribunal Constitucional, proferido no processo n.º 104/90 (disponível em <http://www.dgsi.pt>).

Face ao exposto, importa no entanto notar o seguinte: não se deve entender como resultante da argumentação atrás expendida, que na afectação a particulares destes espaços deva ser arredada qualquer consideração de índole social. De facto, do próprio texto constitucional resulta como tarefa fundamental do Estado, a promoção do *"bem estar e [d]a qualidade de vida do povo e [d]a igualdade real entre os portugueses, bem como a efectivação dos direitos económicos, sociais, culturais e ambientais, mediante a transformação e modernização das estruturas económicas e sociais"*[39]. Trata-se de um corolário do princípio da socialidade, vector estruturante do República Portuguesa enquanto Estado de Direito Democrático[40].

É pois, mediante uma cuidada e reflexiva ponderação dos interesses ou pretensões aqui em jogo, que se deve resolver a questão da atribuição dos espaços. Por um lado, esta atribuição deverá reforçar o compromisso com a melhoria das condições de vida daqueles que mais necessitam, criando as bases de uma verdadeira integração social. Por outro lado, deverá também ter em conta a necessidade de contenção da despesa pública, canalizando os recursos sociais para as áreas de intervenção prioritária e não provocar um excessivo sacrifício dos cofres do Estado (e, consequentemente, das contribuições particulares).

Refira-se ainda que nos parece despicienda a discussão sobre a necessidade de utilização de viaturas pelos residentes das habitações (ou, de modo idêntico, a questão de saber se os veículos automóveis se qualificam como bens de luxo ou como bens de primeira necessidade). Trata-se de argumentação nugatória. Isto porque, o que está aqui em causa não é a essencialidade das viaturas face à essencialidade das habitações, mas a aplicação aos espaços destinados ao aparcamento de um regime que não está incluído no âmbito do "direito à habitação" constitucionalmente consagrado.

---

[39] Cfr. alínea d) do art. 9º da Constituição da República Portuguesa.
[40] Cfr. art. 2º do texto constitucional.

3.2. *Do regime aplicável aos arrumos e lugares de garagem*

3.2.1. Tratam-se como vimos, de espaços inseridos nos limites dos edifícios onde se situam as habitações destinadas a habitação social. São assim bens do domínio privado do Estado.

Da consideração da globalidade do sistema jurídico resulta como regra, na afectação a particulares de bens do domínio privado do Estado, a aplicação do regime do arrendamento. Regra essa, que no caso concreto se afigura como a melhor opção, desde logo pela impossibilidade legal de aplicação, *in casu*, do regime das taxas.

De facto, a obtenção coactiva de receitas por meio de taxas apenas se torna possível, no caso específico de uso de bens, mediante a utilização de bens de domínio público.[41] *Tal resulta ainda do n.º 2 do art. 4º da Lei Geral Tributária, quando o legislador circunscreve o campo dos pressupostos fácticos da taxa à "prestação concreta de um serviço público", à "utilização de um bem do domínio público" e à "remoção de um obstáculo jurídico ao comportamento dos particulares".*

Por outro lado, a figura do arrendamento mostra-se particularmente apta a regular este tipo de situações. Note-se que estamos perante bens não acessíveis, de forma fácil, à generalidade dos particulares, estando (pelo menos fisicamente) afectos a um determinado imóvel (e sendo, portanto, especialmente adequados à utilização que os residentes das unidades habitacionais possam fazer). Assim, importa manter um elevado grau de controlo sobre o universo de particulares a quem os bens vão ser atribuídos, devendo, inclusive, ponderar-se a atribuição preferencial/exclusiva dos espaços aos residentes em unidades habitacionais municipais.

3.2.2. Afastada que foi a possibilidade de aplicação do regime das rendas sociais, importa agora analisar qual o concreto regime de rendas aplicável no caso concreto.

Antes de mais, importa fazer uma breve caracterização da situação. A relação jurídica ora em causa é uma relação de locação. Esta traduz-se num vínculo de natureza obrigacional que une o locador e

---

[41] Ver enunciação taxativa estabelecida na Lei de Finanças Locais.

o locatário e pelo qual o primeiro se obriga a proporcionar ao segundo o gozo temporário de uma coisa, mediante o pagamento de uma retribuição. Estamos, portanto, no domínio do direito privado, mais concretamente, no âmbito do direito dos contratos, norteado por um princípio basilar de liberdade contratual, embora balizado pelos limites da lei [42].

Em termos gerais, a locação surge regulada pelo Código Civil, no Título II "Dos Contratos em Especial", do segundo Livro "Direito das Obrigações". Existem depois numerosos diplomas que regulam, em especial, determinados sectores da locação.

No caso em apreço, estamos perante uma locação de imóveis – arrendamento – os quais se encontram situados em prédios urbanos. Neste âmbito, coloca-se, em particular, a questão de saber se é aplicável um desses diplomas especiais, a saber, o que aprova o Regime do Arrendamento Urbano (R.A.U.) [43].

Numa primeira análise, e atenta a norma de incidência objectiva [44], a relação acima descrita parece subsumir-se ao campo de factualidade típica aí prevista. No entanto, importa ter em conta que, dada a *ratio* que motiva as especificidades constantes do regime do arrendamento urbano, facilmente se adivinham situações de *arrendamento urbano* que fogem às preocupações que nortearam o legislador do R.A.U. e às quais, portanto, esse regime é inaplicável. São esses os casos descritos no art. 5º do R.A.U.

No caso vertente, estamos perante uma **locação de arrumos e lugares de garagens** – a qual que integra a previsão da alínea e) do n.º 2 do art. 5º R.A.U.[45/46] –, pelo que o mesmo **não é aplicável**. Em termos teleológicos, a excepção justifica-se pelo facto de o regime

---

[42] Assim, qualquer "regulamento" de utilização dos espaços em apreço terá sempre o valor de um clausulado contratual complementar do contrato de locação descrito, sujeito à disciplina própria do direito dos contratos, nomeadamente ao previsto em matéria de cláusulas contratuais gerais.

[43] Aprovado pelo Decreto-Lei n.º 321-B/90, de 15 de Outubro.

[44] Contida no n.º 1 do Decreto-Lei citado, que dispõe que *"arrendamento urbano é o contrato pelo qual uma das partes concede à outra o gozo temporário de um prédio urbano, no todo ou em parte, mediante retribuição."*.

[45] O qual dispõe que se exceptuam do R.A.U. *"os arrendamentos de espaços não habitáveis, para afixação de publicidade, armazenagem, parqueamento de viaturas ou outros fins limitados, especificados no contrato (...)"*.

aprovado pelo Decreto-Lei n.º 321-B/90, de 15 de Outubro, ser um regime intensamente proteccionista, visando proteger a parte (normalmente) mais débil protagonizada pelo locatário – para o qual o gozo e fruição de um determinado imóvel é determinante na definição da sua situação de vida e/ou subsistência. O que não é, de todo, o que se verifica no caso da locação de arrumos e de lugares de garagem.

Nem sequer se diga que a hipótese em análise integra a ressalva da alínea e) do n.º 2 do art. 5º, *in fine*, que manda aplicar o R.A.U. a estes arrendamentos de espaços para armazenagem e parqueamento de viaturas sempre que "*realizados em conjunto com arrendamentos de locais aptos para habitação ou para o exercício do comércio*". Ora, os contratos aqui em causa são juridicamente independentes dos (eventuais) contratos celebrados com os mesmos arrendatários para fins habitacionais. Na medida em que se opte pela adjudicação dos arrumos e lugares de garagem exclusivamente aos moradores dos prédios em questão, haverá apenas uma *coincidência* entre as partes contratantes num e noutro caso. Não estamos perante contratos coligados, por forma a que a sorte de um comprometa a sorte do outro, nomeadamente no caso de resolução. O morador do bairro social, nestes casos particulares, não arrenda assim "uma casa com garagem/arrumos" mas sim "uma casa" e "uma garagem/uns arrumos".

Existem, no entanto, determinadas normas do R.A.U. (quer de carácter supletivo, quer de carácter imperativo) que, de forma subsidiária, se aplicam às situações subsumidas na alínea e), do n.º 2 do art. 5º R.A.U. (o que é o nosso caso). São elas as normas constantes do elenco do n.º 1 do art. 6º do mesmo diploma[47].

---

[46] Poder-se-ia aventar a hipótese de integração da situação em análise na alínea a) do n.º 2 do mesmo artigo, que determina a exclusão da aplicação do R.A.U. ao arrendamento de prédios do Estado. Consideramos, porém, não ser esta disposição aqui aplicável, dado restringir-se aos imóveis pertencentes à administração directa.

[47] Por força do qual "*(...) aos arrendamentos e sub-arrendamentos referidos nas alíneas a) a e) do n.º 2 do artigo anterior aplica-se o regime da locação civil, bem como o disposto nos arts. 2.º a 4.º, 19.º a 21.º, 44.º a 46.º, 74.º a 76.º e 83.º a 85.º, 88.º e 89.º do presente diploma, com as devidas adaptações*".

3.2.3. Afastada assim a possibilidade de aplicação do regime do R.A.U., e na ausência de qualquer outro diploma específico que regule os espaços em estudo, o **regime jurídico aplicável** aos mesmos resultará da concatenação normativa do regime da locação previsto no Título II do Livro II do **Código Civil** (C.C.) — nos art. 1022º e segs. — com as disposições subsidiariamente aplicáveis do R.A.U. Analisemos os principais pontos do regime.

Relativamente ao previsto no Código Civil:

a) **Disposições gerais:**
– A duração máxima do contrato é de 30 anos, não sendo fixado prazo mínimo, cfr. art. 1025º C.C.;
– o contrato não está sujeito a forma especial, cfr. art. 1029º C.C.;
– como obrigações do locador saliente-se a de entregar ao locatário a coisa locada e a de assegurar do gozo desta para os fins a que se destina, cfr. art. 1031º e segs. C.C.;
– como obrigações do locatário destaque-se a necessidade de pagar a renda, de facultar o exame do espaço arrendado, não utilizar a coisa para fim diverso daquele a que se destina nem fazer uma utilização imprudente da mesma e a de não proporcionar a outrem o gozo total ou parcial da coisa por meio de cessão onerosa ou gratuita da sua posição jurídica, sublocação ou comodato, cfr. art. 1038º C.C.

b) **Resolução:**
– No caso de incumprimento, por parte do locatário, das obrigações acima descritas, pode dar-se a resolução do contrato. Esta resolução tem, porém, carácter judicial, cfr. art. 1047º e segs. C.C.

c) **Caducidade:**
– Existem várias situações em que a relação de locação cessa, independentemente de incumprimento. Dentro dessas situações destaque-se a verificação do prazo pelo qual o contrato foi celebrado ou o estabelecido na lei, sempre que uma das partes o denuncie; e a verificação de condição a que as partes subordinaram o contrato ou a morte do locatário – caso esse em que a restituição do prédio apenas pode ser exigida passados três meses, cfr. arts. 1051º a 1053º C.C.

d) Renovação e denúncia:
- No caso de nenhuma das partes denunciar o contrato, este renova-se por períodos sucessivos, iguais ao período originalmente clausulado, excepto se esse for superior a um ano, caso em que o prazo de renovação é de um ano, cfr. art. 1054º C.C.;
- a denúncia tem de ser comunicada por qualquer uma das partes à outra, com a antecedência mínima de 6 meses se o prazo for igual ou superior a 6 anos; de sessenta dias se o prazo for de um a seis anos; de trinta dias no caso de o prazo for inferior a três meses; e de um terço do prazo nos restantes casos, cfr. art. 1055º C.C.

Relativamente às regras previstas no R.A.U., destaquem-se as seguintes:
- Existe uma grande margem de liberdade de fixação das rendas; o quantitativo das rendas deve ser fixado em euros e, na falta de convenção em contrário, a primeira vence-se no momento da celebração do contrato e as restantes no primeiro dia útil do mês imediatamente anterior àquele a que diga respeito, cfr. arts. 19º e 20º R.A.U.;
- O subarrendamento depende de consentimento prestado pelo senhorio, por escrito (ou por escritura pública, sempre que seja essa a forma exigida para o contrato, o que não é o caso), cfr. art. 44º R.A.U.

3.2.4. No que diz respeito aos critérios de atribuição dos espaços em análise, cumpre ainda referir que estes devem ser precisos e não necessariamente coincidentes com os que estão na base da atribuição a um determinado agregado familiar de uma habitação, dada a diversidade de interesses em causa.

II – ESTUDO ECONÓMICO

1. O Problema em questão

A C.M.P. dispõe de lugares de garagem e arrumos nos agrupamentos habitacionais das Antas, Viso, Ilhéu e Monte de S. João que pretende afectar ao uso para que foram construídos. Para o efeito é necessário definir um conjunto de regras relativo à utilização destes espaços onde serão estabelecidas as contrapartidas económicas a cobrar pela Câmara Municipal do Porto.

O número de lugares de garagem e arrumos comparativamente ao número de habitações para cada agrupamento habitacional é o seguinte:

	Lugares de garagem	Arrumos	Habitações
Antas	138	39	154
Viso	171	-	190
Ilhéu	-	129	128
Monte S. João	22	-	55

Podemos concluir que o número de lugares de garagem e o número de arrumos é inferior ao número de habitações, o que será de *per se* um indicador de que os critérios a definir terão de contemplar mecanismos de racionamento para lá da contrapartida fixada, isto se a decisão política for no sentido de dar algum nível de prioridade aos residentes nos agrupamentos habitacionais.

2. Fixação da contrapartida

Na fixação da contrapartida pela utilização de lugares de garagem e arrumos usaram-se dois referenciais principais: o custo da contrapartida e o valor de mercado da contrapartida. O valor de mercado é um bom indicador do valor da contrapartida. Este valor de mercado pode ser diferente conforme a localização das habitações e o seu tamanho e dá-nos uma ideia aproximada do valor da contrapartida para os utentes. Porque possivelmente o valor a fixar será inferior ao valor de mercado será necessário estabelecer critérios de atribuição de lugares de garagem.

3. Quantificação do valor da contrapartida

3.1. *Valor de mercado*

Para efeitos de determinação de referenciais que fundamentem a fixação do valor das contrapartidas adoptamos, como se referiu atrás, diferentes aproximações. Para o valor de mercado consideramos duas vias. Uma primeira foi a de fazer uma amostragem do preço cobrado para um automóvel ligeiro em garagens de recolha na cidade do Porto. Para o efeito seleccionamos uma amostra de garagens situadas em zonas não centrais do Porto. Da recolha efectuada, constatamos que os preços se situam no intervalo 50-70 euros, sendo a média de **62 euros por mês**.

Em alternativa, recorremos a estudos disponíveis sobre funções hedónicas de preços de habitação, donde se pode inferir qual é o preço implícito de um lugar de garagem quando esse lugar de garagem está incorporado no preço da habitação. Com base na informação recolhida, consideramos um preço implícito de 6.500 euros por lugar de garagem. Admitindo um período de amortização de **25 anos** (período usualmente utilizado para os financiamentos para a construção de habitação a custos controlados) e uma taxa de desconto de 4% calculamos o pagamento anual equivalente a desembolsar 6.500 euros no presente. De acordo com os nossos cálculos, o custo mensal equivalente é de **38 euros** (incluindo neste valor custos de manutenção).

3.2. *Custo da contrapartida*

De forma a quantificarmos o custo da contrapartida (terreno, construção e manutenção) estimou-se o custo da construção realizada nos agrupamentos habitacionais em causa. No quadro abaixo apresentamos informação sobre os custos da construção/m² de área bruta de lugares de estacionamento, arrumos.

	Custo/m² área bruta	Custo/m² corrigido área bruta (*)	Custo/m² corrigido área utilizável (**)
Monte de S. João	213,2	245,2	350,3
Viso	76,6	88,0	125,8
Ilhéu	291,7	335,4	479,2
Antas	142,3	163,6	233,8

Fonte: Plano de Execução Previsional dos Trabalhos do Instituto Nacional de Habitação
(*) Considerando uma derrapagem média de 15 %
(**) Considerando um rácio (área útil/área bruta) de 0,70

Os valores constantes da primeira coluna dizem respeito a valores previstos, não incluindo eventuais derrapagens nos custos. Para termos em conta eventuais derrapagens nos custos, consideramos um ajustamento para mais de 15%. Para calcularmos o custo/m² por área utilizável consideramos um rácio área útil/área bruta de 0,70 o que nos parece razoável particularmente para as garagens onde é necessário considerar o espaço de circulação dos automóveis.

Para efeitos de cálculo do custo mensal m², adoptamos mais uma vez um horizonte temporal de 25 anos e uma taxa de desconto de 4%. Depois estimamos o custo mensal por metro quadrado de lugar de garagem e arrumo em cada um dos casos considerando, igualmente, um acréscimo de 10% para custos de manutenção.

Custo da Contrapartida (euros)

	Custo mensal/m²
Monte de S. João	2,20
Viso	0,79
Ilhéu	3,08
Antas	1,43

Lugares de Garagem

Custo da Contrapartida (euros)

	10 m²	11 m²	12,5 m²	15 m²	17,5 m²	20 m²	22,5 m²	25 m²
Monte de S. João	22	24	27	33	38	44	49	55
Viso	8	9	10	12	14	16	18	20
Antas	14	16	18	21	25	29	32	36

Arrumos

Custo da Contrapartida (euros)

	2 m²	2,5 m²	4 m²	5 m²	5,5 m²
Ilhéu	6	8	12	-	17
Antas	-	-	-	7	-

4. *Notas finais*

Como vimos anteriormente dispomos de dois referenciais. Um primeiro dado pelo mercado (arrendamento e compra). Um segundo pelo custo da contrapartida. Os valores de mercado situam-se num intervalo amplo (2,9 €/m²; 5,5 €/m²). Quando se utiliza o critério do custo da contrapartida, com base nos custos da construção, temos valores que se situam entre 0,79 €/m² e os 3,08 €/m². Sugere-se que se opte pela solução mais vantajosa para os utentes das garagens e arrumos, isto é, o custo da contrapartida calculado com base nos formulários do Instituto Nacional de Habitação.

Porto, 2 de Novembro de 2004.

III – ANEXOS

A – Projecto de Regulamento de Arrendamento de arrumos e lugares de garagem situados nos agrupamentos habitacionais da Câmara Municipal do Porto

B – Proposta de deliberação de locação de arrumos e lugares de garagem dos agrupamentos habitacionais das ANTAS, ILHÉU, MONTE DE S. JOÃO E VISO (núcleos de Jerónimo de Azevedo e Ferreira de Castro)

A – PROJECTO DE REGULAMENTO DE ARRENDAMENTO DE ARRUMOS E LUGARES DE GARAGEM SITUADOS NOS AGRUPAMENTOS HABITACIONAIS DA CÂMARA MUNICIPAL DO PORTO

NOTA JUSTIFICATIVA

Nos novos Agrupamentos Habitacionais da Câmara Municipal do Porto existem determinados espaços – arrumos e lugares de garagem – que se encontram, presentemente, desocupados.

Tendo em conta que nem a Câmara Municipal nem os respectivos serviços camarários necessitam dos referidos espaços, um princípio de afectação eficiente dos recursos aconselha a disponibilização dos mesmos a particulares que manifestem interesse na sua utilização.

Urge, pois, aprovar regulamentação específica que fixe os critérios que devem presidir à distribuição dos espaços mencionados, bem como estabelecer qual o quantitativo mensal devido por essa utilização.

Nessa regulamentação, e não obstante o facto de não ser aplicável nem o regime do "arrendamento social", de que beneficiam as unidades habitacionais, nem o Regime do Arrendamento Urbano (dadas as características dos espaços), não esquece a Câmara Municipal do Porto o compromisso com a melhoria das condições de vida dos seus munícipes.

Daí que, após atento estudo das alternativas possíveis, se opte, no que respeita às rendas devidas, pela fixação de um valor que, situando-se abaixo daquele que seria ditado pelo mercado, não acarreta um exagerado subsídio negativo, que implicaria, ainda que tacitamente, um aumento da factura paga pelos restantes munícipes, muito para além das escolhas políticas feitas pelo legislador.

Por razões de uniformização e de justiça relativa, importa estender este regime agora previsto às garagens, lugares de garagem e arrumos inseridos em Agrupamentos Habitacionais mais antigos, à medida em que venham a ser desocupados e se celebrem novos contratos com os arrendatários respectivos.

CAPÍTULO I
Disposições Gerais e Comuns

SECÇÃO I
Disposições Gerais

ARTIGO 1º
(Lei Habilitante)

O presente Regulamento é aprovado nos termos da alínea i) do n.º 1 do art. 13º e da alínea d) do art. 24º, da Lei n.º 158/99, de 14 de Setembro.

ARTIGO 2º
(Objecto e âmbito de aplicação)

1. Este Regulamento tem como objecto a fixação do regime de arrendamento dos arrumos e lugares de garagem situados nos Agrupamentos Habitacionais propriedade da Câmara Municipal do Porto.
2. O presente Regulamento é aplicável aos arrumos e lugares de garagem inseridos em Agrupamentos Habitacionais em construção ou a construir.

ARTIGO 3º
(Definições)

1. Para efeitos do presente diploma, consideram-se:
   a. Arrumos: a unidade delimitada por paredes separadoras, constituída por um espaço único, localizada no interior dos edifícios dos Agrupamentos Habitacionais;
   b. Lugares de garagem: a unidade delimitada por linhas traçadas no solo, situadas no interior dos edifícios dos Agrupamentos Habitacionais.
2. Das noções acima descritas excluem-se os espaços que, apesar de similares, constituam parte integrante ou estejam afectos ao uso exclusivo de determinada habitação.

ARTIGO 4º
(Fim contratual)

1. Os espaços identificados nos artigos anteriores destinam-se:
   a. No caso dos lugares de garagem: ao aparcamento de veículos automóveis, motorizados, velocípedes, ou outros a estes equiparados;
   b. No caso dos arrumos: à armazenagem de bens afectos à economia doméstica do arrendatário ou do seu agregado familiar.
2. É vedada a utilização dos espaços para fins diversos dos descritos nas alíneas do número anterior.
3. Na proibição enunciada no número anterior inclui-se, nomeadamente:
   a. A utilização dos espaços, de forma temporária ou duradoura, para a habitação, hospedagem ou pernoita, quer do arrendatário, quer de outrem;
   b. A utilização dos espaços para criação, guarda ou pernoita de animais.
4. É especialmente vedado o exercício de quaisquer actividades de carácter comercial ou industrial nos espaços arrendados, exceptuando-se do aqui disposto a utilização dos arrumos para o armazenamento de materiais relacionados com o exercício da profissão do arrendatário ou com a execução de trabalhos artesanais, mediante autorização escrita dos serviços competentes.

SECÇÃO II
Do Arrendamento

ARTIGO 5º
(Arrendamento)

1. A afectação temporária dos arrumos e lugares de garagem abrangidos pelo presente regulamento ao gozo particular far-se-á sob a forma de arrendamento.
2. Cada espaço será objecto de um contrato autónomo de arrendamento, não sendo admissíveis coligações de contratos.
3. Os contratos serão celebrados por escrito.

ARTIGO 6º
(Duração)

Os contratos serão celebrados por um período de 6 meses.

SECÇÃO III
Dos Direitos e Deveres dos Arrendatários

ARTIGO 7º
(Direitos dos arrendatários)

1. Constituem direitos ou faculdades dos arrendatários:
   a. O gozo e fruição dos espaços, no âmbito dos fins a que estes se destinam;
   b. A utilização das zonas comuns dos edifícios necessárias para uma eficiente utilização dos espaços;
   c. A realização de pequenas obras quando estas se mostrem necessárias para uma melhor e mais eficiente utilização dos espaços, desde que precedidas de autorização escrita por parte dos serviços competentes.
2. Constituem ainda direitos dos arrendatários:
   a. Beneficiar de obras de manutenção e conservação levadas a cabo pelos serviços municipais, quando tal se torne necessário para assegurar uma utilização própria dos espaços arrendados, e quando a necessidade de tais obras não derive de imprudente, descuidada ou anormal utilização dos mesmos;
   b. Solicitar, aos serviços competentes, informações relacionadas com a utilização do espaço arrendado;
   c. Reclamar de todos os actos ou omissões considerados prejudiciais aos seus interesses.

ARTIGO 8º
(Deveres dos arrendatários)

1. Constituem deveres, ónus ou encargos dos arrendatários:
   a. Pagar as rendas nos locais e prazos devidos;
   b. Utilizar os espaços arrendados dentro dos fins a que estes se destinam, com o necessário zelo e prudência;
   c. Assegurar a manutenção e limpeza dos espaços, correndo os respectivos encargos por sua conta;
   d. Não realizar qualquer obra sem prévia autorização escrita dos serviços camarários competentes;
   e. Não produzir ruídos que, pela sua intensidade ou duração, possam incomodar de forma sensível as unidades habitacionais, em particular durante o período nocturno;

f. Não produzir cheiros que, alheios aos resultantes de uma normal utilização dos espaços, se tornem incomodativos para terceiros;
g. Não subarrendar, emprestar ou ceder a qualquer título, total ou parcialmente, o espaço arrendado;
h. Devolver os espaços, findo o contrato, no estado em que eles se encontravam aquando da sua entrega inicial.

2. Constitui ainda dever dos arrendatários comunicar aos serviços competentes quaisquer vícios da coisa locada, ou quaisquer factos que ameacem colocar em perigo a segurança ou higiene quer do próprio quer de terceiros.

SECÇÃO IV
Das Rendas

ARTIGO 9º
(Renda)

1. Pela utilização privativa dos espaços será devida uma renda com carácter mensal.

2. O valor mensal da renda será determinado mediante a aplicação da seguinte fórmula:

$R = au \times p$

em que:
R = valor mensal da Renda;
au = área útil dos espaços expressa em metros quadrados;
p = preço base por metro quadrado;

sendo o resultado assim obtido arrendado à unidade de euro.

3. O preço (p) por metro quadrado é de 2,2 euros, actualizável anualmente nos termos do art. 11º.

4. Compete à Câmara Municipal do Porto organizar os processos tendentes à determinação do montante da renda.

ARTIGO 10º
(Vencimento e Pagamento da Renda)

1. O montante da renda, determinado nos termos do artigo anterior, vence-se no 1º dia útil do mês a que respeita.

2. O pagamento da renda será efectuado directamente nos serviços competentes da Empresa Municipal de Habitação e Manutenção da Câmara Municipal do Porto.

ARTIGO 11º
(Actualização da Renda)

1. O montante devido a título de renda será actualizado automaticamente, em cada ano, sendo dispensada qualquer comunicação.
2. A actualização será feita com base no Índice de Preços no Consumidor publicado anualmente pelo Instituto Nacional de Estatística.
3. Independentemente do momento de celebração do contrato, a actualização entrará em vigor em Janeiro de cada ano.
4. A actualização será calculada aplicando o indicador mencionado no n.º 2 ao preço base por metro quadrado (p) referido no art. 10º, n.º 3.

ARTIGO 12º
(Isenção e diferimento do pagamento de Renda)

1. Não se admitem casos de isenção de renda.
2. O disposto no número anterior não implica a proibição de concessão de um período mais alargado, até ao máximo de dois meses, para o pagamento da renda, desde que autorizado pelos serviços camarários competentes.

ARTIGO 13º
(Atraso no pagamento da renda)

1. No caso de atraso no pagamento da renda, a Câmara Municipal do Porto terá direito a uma indemnização igual a 50% do valor devido.
2. O arrendatário ficará isento do agravamento nos casos em que a falta de pagamento tempestivo se dever a um erro imputável aos serviços camarários.

SECÇÃO V
Das Regras e Critérios de Atribuição

ARTIGO 14º
(Preferência)

1. Salvo o disposto no art. 21º, os espaços serão atribuídos exclusivamente aos arrendatários de cada Agrupamento Habitacional.
2. Dentro de cada Agrupamento, os espaços serão preferencialmente atribuídos aos arrendatários de unidades habitacionais do bloco a que pertencem.

ARTIGO 15º
(Procedimento de atribuição)

1. Para efeitos de atribuição dos espaços será levado a cabo um procedimento organizado pela Câmara Municipal do Porto.
2. O procedimento de atribuição dos arrumos será totalmente independente do procedimento de atribuição dos lugares de garagem.
3. Os documentos constantes do procedimento podem ser consultados pelos interessados.

ARTIGO 16º
(Primeira Fase – elaboração de listagens)

1. A primeira fase do procedimento consiste na elaboração de listagens, em relação a cada bloco habitacional, dos arrendatários e dos arrumos e lugares de garagem existentes.
2. Da listagem dos arrendatários deve constar o seu nome, a tipologia da sua habitação, o número de pessoas que aí residem e a data do início da ocupação das habitações naquele agrupamento habitacional.
3. Na listagem dos arrumos existentes deve ser feita menção da numeração dos mesmos, da sua localização e área.
4. Na listagem dos lugares de garagem deve ser feita menção da numeração dos mesmos, da sua localização e área.

ARTIGO 17º
(Segunda fase – determinação em abstracto)

1. Uma vez elaboradas as listas referidas no artigo anterior, procede-se à ordenação dos candidatos a quem pode ser atribuído um espaço.
2. No procedimento de atribuição dos arrumos, serão observados os seguintes critérios:
   a. Maior número de elementos que compõem o agregado familiar;
   b. Maior antiguidade na ocupação de uma habitação naquele agrupamento habitacional;
   c. Maior tipologia da unidade habitacional;
   d. Sorteio.
3. No procedimento de atribuição dos lugares de garagem, serão observados os seguintes critérios:
   a. Maior antiguidade na ocupação de uma habitação naquele agrupamento habitacional;
   b. Maior número de elementos que compõem o agregado familiar;
   c. Maior tipologia da unidade habitacional;
   d. Sorteio.
4. Os critérios expostos nos números anteriores são de aplicação sucessiva, só se passando para o critério seguinte quando exista um empate no critério anterior.
5. Da aplicação destes critérios serão elaboradas duas listas de prioridade de atribuição por cada bloco habitacional: uma relativa aos arrumos e outra relativa aos lugares de garagem.

ARTIGO 18º
(Terceira fase – determinação em concreto)

1. Findo o processo estabelecido no artigo anterior, são contactados os candidatos para se pronunciarem sobre o seu interesse na ocupação dos respectivos espaços.
2. Na resposta devem indicar qual a quantidade e o tipo de arrumos ou de lugares de garagem que estão dispostos a ocupar, por ordem de preferência.
3. Em face desses elementos, serão determinados os concretos espaços que caberão a cada arrendatário.
4. A atribuição de um segundo arrumo ou lugar de garagem a um mesmo arrendatário pressupõe a satisfação de todos os primeiros pedidos de arrendatários que manifestaram o seu interesse nos termos do n.º 2.
5. Concluídos os procedimentos descritos, são afixadas nas instalações dos serviços camarários competentes as listas de atribuição provisórias, discriminando

os pares arrumo/candidato e lugar de garagem/candidato, e indicando data e hora de afixação, bem como o prazo para a dedução de reclamações.

ARTIGO 19º
(Permutas)

Os arrendatários a quem efectivamente for concedido o gozo de um espaço podem, mediante autorização escrita dos serviços competentes, trocar entre si o espaço atribuído, começando essa troca a produzir efeitos a partir do 1º dia do mês seguinte ao da recepção da autorização respectiva.

ARTIGO 20º
(Atribuição superveniente)

1. Em caso de vagas posteriores ao momento de atribuição, será aplicável, com as devidas adaptações, o procedimento disposto nos artigos anteriores.
2. Para tal serão afixados nas instalações dos serviços competentes os anúncios das vagas existentes, advertindo-se todos os que se quiserem candidatar ao arrendamento de novo espaço que o poderão fazer mediante comunicação aos mesmos serviços.
3. Na comunicação a que se refere o número anterior, devem os candidatos indicar os concretos espaços ou arrumos a cujo arrendamento se propõem.

ARTIGO 21º
(Atribuições a outros sujeitos)

Excepcionalmente podem ser atribuídos espaços a sujeitos não arrendatários dos agrupamentos habitacionais, quer sejam ou não neles residentes, sendo, nesse caso, aplicáveis, com as devidas adaptações, as regras constantes dos artigos anteriores.

ARTIGO 22º
(Reclamações)

1. Das atribuições efectuadas poderão ser deduzidas reclamações no prazo de cinco dias úteis, não se contando, para estes efeitos, o dia da afixação.
2. As reclamações serão apreciadas com a maior brevidade possível, sendo o seu resultado comunicado por via postal simples aos reclamantes.

3. Uma vez apreciadas todas as reclamações, serão afixadas listas definitivas de atribuição dos espaços.

ARTIGO 23º
(Celebração dos contratos de arrendamento)

Afixadas as listas definitivas, serão celebrados os contratos de arrendamento.

CAPÍTULO II
Disposições Privativas

SECÇÃO I
Disposições Privativas dos Arrumos

ARTIGO 24º
(Deveres dos arrendatários dos arrumos)

Em especial, constituem deveres dos arrendatários dos arrumos:
a. Não utilizar os arrumos para fins contrários à lei, à ordem pública e aos bons costumes;
b. Não armazenar nos arrumos materiais inflamáveis, explosivos ou outros que ponham em perigo a segurança ou a higiene do imóvel e dos seus residentes.

SECÇÃO II
Disposições Privativas dos Lugares de Garagem

ARTIGO 25º
(Regime especial dos portadores de deficiência física)

1. A atribuição de um lugar de garagem a um arrendatário que seja portador de uma deficiência física e que, por tal motivo, beneficie do correspondente dístico emitido pela Direcção Geral de Viação é feito de modo prioritário em relação aos demais arrendatários.

2. Idêntico regime se aplica no caso de o portador de deficiência física não ser o arrendatário mas um qualquer membro do seu agregado familiar que com ele resida; em qualquer dos casos, o contrato será outorgado com o arrendatário da unidade habitacional e será contabilizado para efeitos de número de garagens atribuídas a cada arrendatário.

3. A prova da posse do dístico deve ser feita por cópia do respectivo certificado, o qual deverá ser enviado aos serviços competentes até ao momento da comunicação dos escalões de garagens que estão dispostos a ocupar.

4. Nestes casos, e na medida das possibilidades físicas dos candidatos, será atribuído um lugar prescindindo-se das formalidades e critérios de distribuição anteriormente mencionados, devendo o lugar atribuído situar-se junto dos acessos privativos às unidades habitacionais.

5. A morte do arrendatário ou do membro do agregado familiar portador da deficiência não faz caducar o contrato.

6. Constitui especial dever do beneficiário do regime do presente artigo o de comunicar no prazo de 30 dias qualquer modificação registada ao nível do dístico.

7. O presente regime não será aplicável no caso de o dístico referido nos números anteriores ter sido emitido de forma transitória, considerando-se como tal o emitido por um período igual ou inferior a seis meses.

ARTIGO 26º
(Deveres dos arrendatários dos lugares de garagem)

Em especial, constituem deveres ou ónus dos arrendatários dos lugares de garagem:
   a. Evitar o derrame de líquidos, nomeadamente óleos e combustíveis, nos lugares de garagem, bem como providenciar para a limpeza de eventuais derrames que se verifiquem;
   b. Não proceder à lavagem dos automóveis nos respectivos lugares de garagem.

CAPÍTULO III
Resolução e Caducidade do Contrato

ARTIGO 27º
(Resolução)

1. A falta de cumprimento, por parte do arrendatário, das obrigações que sobre ele incidem dá lugar a resolução do contrato.
2. O arrendatário poderá resolver o contrato, independentemente da responsabilidade da Câmara Municipal do Porto, se:
    a. Por motivo estranho à sua própria pessoa ou ao seu agregado familiar, for privado do gozo da coisa, ainda que só temporariamente;
    b. Se nos espaços locados existir ou sobrevier defeito que ponha em perigo a vida ou saúde do locatário ou de qualquer membro do seu agregado familiar.

ARTIGO 28º
(Caducidade e renovação)

1. O contrato de arrendamento caduca findo o prazo estipulado neste Regulamento.
2. Findo o prazo do arrendamento, o contrato renova-se por períodos sucessivos de seis meses, se nenhuma das partes o tiver denunciado com a antecedência mínima de trinta dias.
3. Uma vez caducado o contrato, o arrendatário deverá abandonar o arrumo ou lugar de garagem no prazo máximo de dois dias.

CAPÍTULO IV
Disposições Finais e Transitórias

ARTIGO 29º
(Legislação subsidiária)

1. Aos contratos de arrendamento regulados neste diploma aplica-se o regime geral da locação civil.

2. São ainda subsidiariamente aplicáveis, com as devidas adaptações, as disposições elencadas no n.º 1 do art. 6 do Regime do Arrendamento Urbano, aprovado pelo Decreto-Lei n.º 321-B/90, de 15 de Outubro.

ARTIGO 30º
**(Novos Agrupamentos Habitacionais
e Agrupamentos Habitacionais já construídos)**

1. O regime ora exposto aplicar-se-á, salvo disposição em contrário:
   a. Aos contratos de locação de garagens de novos Agrupamentos Habitacionais propriedade da Câmara Municipal do Porto;
   b. Aos novos contratos de locação de lugares de garagem e arrumos já ocupados e que venham a ficar devolutos de Agrupamentos Habitacionais propriedade da Câmara Municipal do Porto.
2. Do disposto no número anterior exceptuam-se os arrumos, garagens e lugares de garagem destinados ao uso exclusivo de uma determinada unidade habitacional.

ARTIGO 31º
(Delegação de competências)

1. Todos os direitos, competências e poderes de que a Câmara Municipal do Porto seja titular por força do presente Regulamento poderão ser exercidos pela Empresa Municipal de Habitação e Manutenção da Câmara Municipal do Porto, nos termos da delegação de competências existente.
2. A Empresa Municipal de Habitação e Manutenção da Câmara Municipal do Porto poderá também praticar todos os actos destinados ao cumprimento das obrigações que para a Câmara Municipal decorram deste diploma.

ARTIGO 32º
(Norma revogatória)

Ficam revogados os anteriores normativos municipais, na parte em que contrariem o disposto no presente Regulamento.

ARTIGO 33º
(Publicidade e entrada em vigor do Regulamento)

1. O presente Regulamento é publicado ....
2. O regime exposto neste diploma entra em vigor decorrido um mês após a sua publicação, salvaguardando-se a validade dos actos preparatórios, levados a cabo pelos serviços camarários, tendentes a uma boa execução do mesmo.

B – PROPOSTA DE DELIBERAÇÃO DE LOCAÇÃO DE ARRUMOS E LUGARES DE GARAGEM DOS AGRUPAMENTOS HABITACIONAIS DAS ANTAS, ILHÉU, MONTE DE S. JOÃO E VISO (NÚCLEOS DE JERÓNIMO DE AZEVEDO E FERREIRA DE CASTRO)

Nos Agrupamentos Habitacionais das Antas, Ilhéu, Monte de S. João e Viso existem determinados espaços – arrumos e lugares de garagem – que se encontram, presentemente, desocupados.

Tendo em conta que nem a Câmara Municipal nem os respectivos serviços camarários necessitam dos referidos espaços, um princípio de afectação eficiente dos recursos aconselha a disponibilização dos mesmos a quem manifeste interesse na sua utilização.

Da consideração da globalidade do sistema jurídico resulta como regra, na afectação a particulares de bens do domínio privado do Estado, **a aplicação do regime da locação**, na **modalidade de arrendamento**. Regime esse, que no caso concreto se afigura como a melhor opção, desde logo pela impossibilidade legal de aplicação, *in casu*, do regime das taxas.

Nesta proposta de deliberação não esquece a Câmara Municipal do Porto o compromisso com a melhoria das condições de vida dos seus arrendatários. Isto, não obstante o facto de não ser aplicável a estas situações nem o regime do "arrendamento social", de que beneficiam as unidades habitacionais – dada a inexistência de um dispositivo legal ordinário que o imponha, bem como a sua não inclusão no "conceito constitucional de habitação" –; nem, de uma forma geral, o Regime do Arrendamento Urbano – tendo em conta as características dos espaços, que condicionam a sua utilização. Tratam-se de contratos regidos pelo **regime geral da locação civil**, consagrado no artigo 1022º e ss. do **Código Civil** português.

Após atento estudo das alternativas possíveis, opta-se, no que respeita às rendas devidas, pela fixação de um valor que, situando-se abaixo daquele que seria ditado pelo mercado, não acarreta um exagerado subsídio negativo, o que implicaria tacitamente um aumento da factura paga pelos restantes munícipes, muito para além das escolhas políticas feitas pelo legislador.

Urge, pois, aprovar deliberação que fixe o quantitativo mensal devido por essa utilização.

Assim, propõe-se:

1. Em conformidade com o enquadramento realizado da situação, estão sujeitos ao **regime geral da locação civil os contratos de arrendamento dos arrumos e lugares de garagem** dos Agrupamentos Habitacionais das Antas, Ilhéu, Monte de S. João e Viso (núcleos de Jerónimo de Azevedo e Ferreira de Castro).

2. Tomando em consideração a liberdade associada à fixação da retribuição devida pelo gozo temporário do locado, característica do contrato de locação, estabeleceu-se a seguinte fórmula de cálculo da renda:

$$R = A_u \times p$$

em que:

R = valor mensal da Renda;
A_u = área útil dos espaços expressa em metros quadrados;
p = preço por metro quadrado;

O resultado assim obtido é arrendado à unidade de euro.

3. O preço (p) por metro quadrado corresponde ao custo da contrapartida para cada agrupamento habitacional (ver quadro I do anexo I) e é actualizável anualmente de acordo com o Índice de Preços no Consumidor. A actualização será calculada aplicando este indicador ao preço por metro quadrado e entrará em vigor em Janeiro de cada ano.

4. Os valores finais indicados nos quadros II e III do anexo I, e aplicáveis respectivamente às garagens e arrumos dos agrupamentos habitacionais em questão, reportam-se assim ao custo da contrapartida, e não ao valor de mercado, aparecendo como a solução mais vantajosa para os utentes das garagens e arrumos.

5. A aprovação dos critérios de atribuição indicados no anexo II.

6. O regime exposto nesta proposta de deliberação entra em vigor 30 dias após a sua aprovação.

Porto e Paços do Concelho, 03 de Novembro de 2004

A Vereadora do Pelouro da Habitação Social

(MATILDE ALVES, Dr.)

ANEXO I

Quadro I

Custo da Contrapartida (euros)

Agrupamentos Habitacionais	p
Monte de S. João	2,20 €/m^2
Viso	0,79 €/m^2
Ilhéu	3,08 €/m^2
Antas	1,43 €/m^2

Quadro II
Lugares de Garagem

Custo da Contrapartida (euros)

Agrupamentos Habitacionais	10 m^2	11 m^2	12,5 m^2	15 m^2	17,5 m^2	20 m^2	22,5 m^2	25 m^2
Monte de S. João	22	24	27	33	38	44	49	55
Viso	8	9	10	12	14	16	18	20
Antas	14	16	18	21	25	29	32	36

Quadro III
Arrumos

Custo da Contrapartida (euros)

Agrupamentos Habitacionais	2 m^2	2,5 m^2	4 m^2	5 m^2	5,5 m^2
Ilhéu	6	8	12	-	17
Antas	-	-	-	7	-

ANEXO II

Critérios de atribuição de arrumos e lugares de garagem

1. No procedimento de atribuição dos arrumos, serão observados os seguintes critérios:
   a. Maior número de elementos que compõem o agregado familiar;
   b. Maior antiguidade na ocupação de uma habitação naquele agrupamento habitacional;
   c. Maior tipologia da unidade habitacional;
   d. Sorteio.
2. No procedimento de atribuição dos lugares de garagem, serão observados os seguintes critérios:
   a. Maior antiguidade na ocupação de uma habitação naquele agrupamento habitacional;
   b. Maior número de elementos que compõem o agregado familiar;
   c. Maior tipologia da unidade habitacional;
   d. Sorteio.
3. Os critérios expostos nos números anteriores são de aplicação sucessiva, só se passando para o critério seguinte quando exista um empate no critério anterior.
4. A atribuição de um lugar de garagem a um arrendatário que seja portador de uma deficiência física e que, por tal motivo, beneficie do correspondente dístico emitido pela Direcção Geral de Viação é feito de modo prioritário em relação aos demais arrendatários.

ÍNDICE

1ª PARTE
Estudos Jurídico-Económicos para um projecto de Regulamento Municipal de Habitação Social

I. Introdução

1. Filosofia subjacente às propostas de deliberação e de regulamento	17
1.1. Linhas orientadoras para um novo regime geral de gestão do parque de habitação social das Câmaras Municipais	20
1.2. Considerações prévias a uma proposta de regulamento de habitação social da Câmara Municipal do Porto	22

II. Arrendamento social: perspectiva jurídica

1. Introdução	23
2. Limites constitucionais e legais	25
3. A relação de arrendamento social: sua compatibilização com as regras gerais da locação e com o Regime do Arrendamento Urbano	28
3.1. Breve resenha legislativa	28
3.2. A relação de arrendamento social como uma relação de fonte administrativa	29
3.3. O art. 5º, n.º 2, do R.A.U.	31
3.4. A aplicação subsidiária do regime geral da locação e do R.A.U.	33
4. Justificação da uniformização do regime legal para todos os tipos de arrendamento	34
5. Parecer sobre o aumento da renda mínima	36

III. Estudo económico-financeiro

1. Análise da filosofia subjacente à gestão do parque de habitação social da Câmara Municipal do Porto	42

146 *Arrendamento Social*

  1.1. A necessidade de combinar políticas do lado da procura com políticas do lado da oferta em favor do centro das cidades 43
  1.2. Que consequências para a gestão dos bairros sociais? 45
  1.3. Como operacionalizar as medidas preconizadas? 47
 2. Breve caracterização da situação actual 47
  2.1. Não cumprimento e relação contratual 48
  2.2. Declaração de rendimentos e rendas pagas 52
 3. Simulação do impacto das alterações nos critérios de cálculo das rendas sociais 56
  3.1. Metodologia 56
  3.2. Resultado das simulações 58

IV. Anexos

 A – Quadro sinóptico da situação existente (Departamento Municipal de Habitação da CMP) 67
 B – Receitas dos Bairros Sociais 75
 C – Projecto de Regulamento Municipal de Habitação Social do Município do Porto 87
 D – Proposta de Deliberação de actualização e ajustamento das Rendas Habitacionais dos Bairros Sociais do Porto 99

2ª PARTE

Estudos Jurídico-Económicos para um projecto de Regulamento de Arrendamento de arrumos e lugares de garagem situados nos agrupamentos habitacionais da Câmara Municipal do Porto

I. Estudo jurídico

 1. Notas iniciais 111
 2. Caracterização dos espaços 111
 3. Regime jurídico 112
  3.1. Da não aplicabilidade do regime de renda social 112
   a) Inexistência de dispositivo legal ordinário 112
   b) Inexistência de comando constitucional 112
  3.2. Do regime aplicável aos arrumos e lugares de garagem 115

II. Estudo Económico

 1. O problema em questão 120
 2. Fixação da contrapartida 120

3. Quantificação do valor da contrapartida 121
   3.1. Valor de mercado 121
   3.2. Custo da contrapartida 121
4. Notas finais 123

III. Anexos

A – Projecto de Regulamento de Arrendamento de arrumos e lugares de garagem situados nos agrupamentos habitacionais da Câmara Municipal do Porto 127

B – Proposta de deliberação de locação de arrumos e lugares de garagem dos agrupamentos habitacionais das ANTAS, ILHÉU, MONTE DE S. JOÃO E VISO (núcleos de Jerónimo de Azevedo e Ferreira de Castro) 141